択一式トレーニング問題集の使い方

1 本書の位置づけ

択一式トレーニング問題集は、科目別講義テキスト※1に準拠した問題集です。おおむね過去15年間の本試験問題とオリジナル予想問題を、一問一答の形式により、テキスト項目の順に網羅的に出題しております。択一式試験対策の主要教材としてご活用下さい。

2 仕　様

〔1〕出題問題

科目別講義テキスト※1の内容に対応するおおむね過去15年間の本試験問題とオリジナルの予想問題です。

〔2〕出題形式

問題を左ページ、解答・解説を右ページとする見開きの構成により、一問一答形式で収載しております。

※1　科目別講義テキストは、資格の大原社会保険労務士講座受講生専用教材です。科目別講義テキストのみの一般販売はしておりません。

〔3〕表示の意味

左 問題ページ

❶**問題番号**

❷**出題元**：令0501Ｂ…令和５年試験問題の問１Ｂの問題であることを示します。
ＯＲ…オリジナル問題であることを示します。

❸（新）：直近の本試験問題

❹**チェック欄**：チェック欄は、問題の習熟度合を図る目安として活用下さい。

❺
- ☆　：科目別講義テキスト※2の「☆」に関連する優先順位の低い問題であることを示します。
- 改正：今次の改正が関連する問題であることを示します。

左ページ

❶ ❷ ❸ ❹ ❺

問題 025　令0501Ｂ　（新）　□□□□□□□□　☆ 改正

労働基準法第１条にいう「労働条件」とは、賃金、労働時間、解雇、災害補償等の基本的な労働条件を指し、安全衛生、寄宿舎に関する条件は含まない。

問題 026　令0301Ａ　□□□□□□□□　☆

労働基準法第１条第２項にいう「この基準を理由として」とは、労働基準法に規定があることが決定的な理由となって、労働条件を低下させている場合をいうことから、社会経済情勢の変動等他に決定的な理由があれば、同条に抵触するものではない。

問題 027　平2505Ｃ　□□□□□□□□

労働基準法第２条第１項が、「労働条件は、労働者と使用者が、対等の立場において決定すべきである。」との理念を明らかにした理由は、概念的には対等者である労働者と使用者との間にある現実の力関係の不平等を解決することが、労働基準法の重要な視点であることにある。

問題 028　平2101Ａ　□□□□□□□□

使用者は、労働協約、就業規則及び労働契約を遵守し、誠実にその義務を履行しなければならないが、使用者よりも経済的に弱い立場にある労働者についてはこのような義務を定めた規定はない。

❻

解答 025　×　S63.3.14基発150／P13　社労士24Ｐ5▼

労働条件とは、賃金、労働時間のほか、解雇、災害補償、安全衛生、寄宿舎等に関する条件をすべて含む労働者の一切の待遇をいう。

解答 026　○　S22.9.13発基17／P13　社労士24Ｐ5▼

記述の通り正しい。

❼ +α【労働基準法第１条第２項】

労働基準法で定める労働条件の基準は最低のものであるから、労働関係の当事者はこの基準を理由として労働条件を低下させてはならないことはもとより、その向上を図るように努めなければならない。

解答 027　○　法２条／P14　社労士24Ｐ6▼

記述の通り正しい。

解答 028　×　法２条／P14　社労士24Ｐ6▼

本肢の義務は、労働者にも課せられる。

+α【労働基準法第２条第２項】

「労働者及び使用者」は、労働協約、就業規則及び労働契約を遵守し、誠実に各々その義務を履行しなければならない。

右ページ

右 解答・解説ページ

❻科目別講義テキスト※2と社労士24レクチャーテキスト※2の参照ページを示します。

❼ +α：問題に関する補足説明や周辺知識の内容を記載しています。

※2　科目別講義テキスト・社労士24レクチャーテキストは、資格の大原社会保険労務士講座受講生専用教材です。科目別講義テキスト・社労士24レクチャーテキストのみの一般販売はしておりません。

3 択一式トレーニング問題集の使い方

〔1〕問題を解く目的

問題を解く目的は、正誤を憶えることではなく、正誤判断をするための「キーワード」と「その理由」を憶えることです。したがって、問題を解くに当たっては、「キーワード」と「なぜ正しいのか」「なぜ誤っているのか、どうであれば正しいのか」を見つけ、憶え込むことを強く意識するようにしましょう。

〔2〕回転と目標

問題のキーワードを記憶として定着させるためには、繰り返し問題を解く(回転させる)ことが必要です。そのため学習初期から、本試験までに何回転するか(長期目標)、各回転をいつまでにするか(中期目標)を定めておき、これらに基づいて、その週・その日に何問解くか(短期目標)を決めましょう。なお、中期目標の達成の都度、チェック欄をチェックしていくと、回転の進捗状況が一目でわかって便利です。

《例》長期目標を５回転とした場合

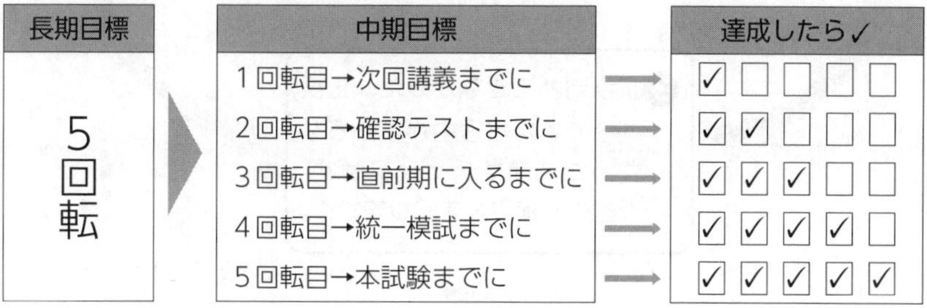

長期目標	中期目標	達成したら✓
5回転	1回転目→次回講義までに	☑ □ □ □ □
	2回転目→確認テストまでに	☑ ☑ □ □ □
	3回転目→直前期に入るまでに	☑ ☑ ☑ □ □
	4回転目→統一模試までに	☑ ☑ ☑ ☑ □
	5回転目→本試験までに	☑ ☑ ☑ ☑ ☑

〔3〕問題の具体的な取り組み方

問題の取り組み方は様々です。以下ではその一例をご紹介しますので、参考にして下さい。

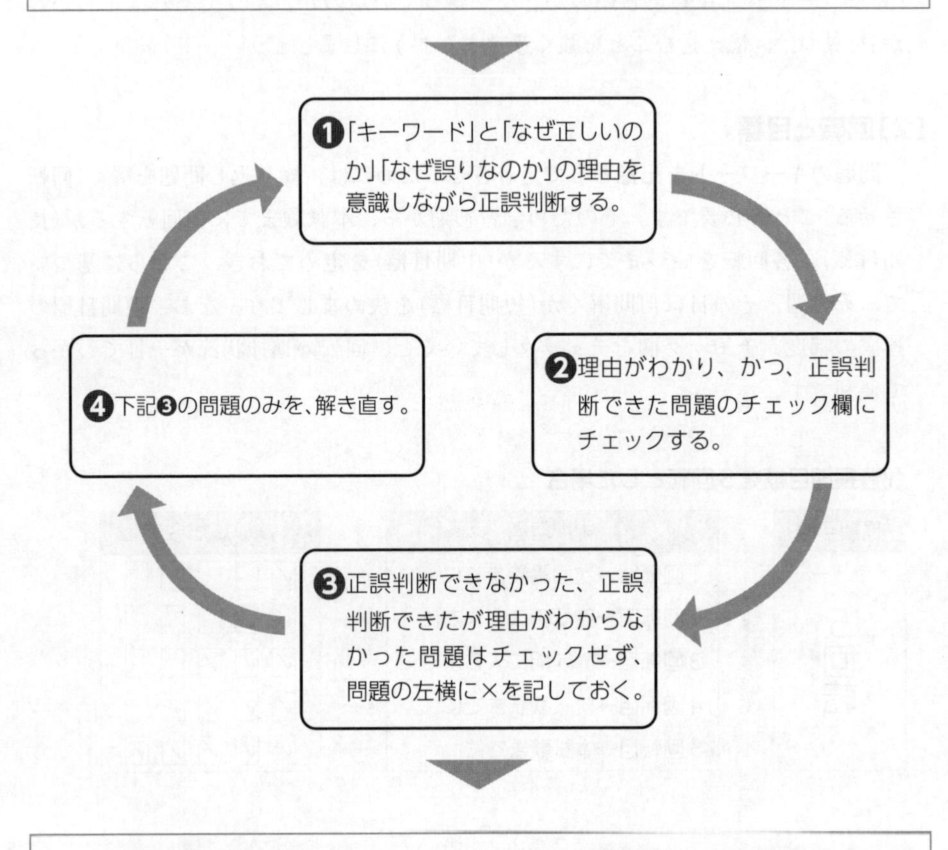

〔4〕問題集巻末の「進捗表」について

巻末に「進捗表」がございます。こちらをご利用になり、ご自身の弱点部分を明確にし、早期克服に心掛けましょう。

〔5〕問題集巻末の「青シート」について

巻末に「青シート」がございます。解答解説ページを隠すシートとしてご利用下さい。

4 よくある質問

〔1〕解くべき問題の優先順位について

問題集には数多くの演習問題が収載されているので、特に初めて学習をされる方は、優先順位を決めたうえで問題を解いていくことをお勧めします。一例として、「☆」の問題は一旦とばしておきましょう。

〔2〕同じ問題を何度も間違えて、次に進めない…

問題を間違えるということは、その問題のキーワードを憶える第一歩です。しかし、間違えが続いてしまう問題は、一旦とばして次の問題に取り組みましょう。学習が進み、科目の全体像や他の科目との関係が把握できてから理解できる内容の問題もあるからです。

〔3〕テキストとトレーニング問題集はどっちが大事？

テキストのみでは、問題のキーワードを知ることができません。また、トレーニング問題集のみでも、全体像を把握しにくいことがあります。いずれか一方に偏るのは得策とはいえません。最も有効なのは、テキストとトレーニング問題集相互で補い合うという学習方法で、①テキストの概要を把握する→②トレーニング問題集を解き、キーワードを記憶する→③テキスト中のキーワードを部分読みする→④上記②③を繰り返すというものです。また、トレーニング問題集で記憶したキーワードや引っ掛け方をテキストの該当箇所に書き込んでおくという方法もお勧めです。

択一式トレーニング問題集
労働者災害補償保険法

学習内容と学習範囲

学習内容

令和５年度試験「労働基準法及び労働安全衛生法」の問題は、労働者災害補償保険法の問題の後に収載されています。

学習範囲

※資格の大原社会保険労務士講座受講生の学習範囲です。

社労士合格コース/社労士経験者合格コース/社労士速修合格コース

上記コースの各回の講義に対応した、「トレーニング問題集学習範囲」につきましては、別紙にてご案内いたします。

社労士24

章	問題集学習範囲
1	問題001～問題005
2	問題006～問題019
3	問題020～問題034
4	問題035～問題039
5	問題040～問題047
6	問題048～問題063
7	問題064～問題069
8	問題070～問題088 問題106

章	問題集学習範囲
9	問題089～問題096
10	問題097～問題100
11	問題101～問題105
12	問題107～問題120
13	問題122～問題133
14	問題121
15	問題134～問題148
16	問題149～問題167

第1節　総　則

問題 001　O　R　□□□□□□□

事業主が同一の二以上の事業に使用される労働者を複数事業労働者という。

第1節　総　則

解答 001　×　法1条／P3　社労士24P3▼

事業主が「同一人でない」二以上の事業に使用される労働者を複数事業労働者という。

第2節　適用事業等

問題 002　Ǿ　R　□□□□□□□

常時５人未満の労働者を使用する個人経営の製造業の事業は、労働者災害補償保険の暫定任意適用事業となる。

問題 003　平2607 E　□□□□□□□

船員法上の船員については労災保険法は適用されない。

問題 004　平2904　□□□□□□□

労災保険法の適用に関する次の記述のうち、正しいものはどれか。

A　労災保険法は、市の経営する水道事業の非常勤職員には適用されない。

B　労災保険法は、行政執行法人の職員に適用される。

C　労災保険法は、非現業の一般職の国家公務員に適用される。

D　労災保険法は、国の直営事業で働く労働者には適用されない。

E　労災保険法は、常勤の地方公務員に適用される。

第2節　適用事業等

**解答 002　×　法３条、S44法附則12条、整備令17条
／P8・9　社労士24P5▼**

労災保険の暫定任意適用事業となるのは、常時５人未満の労働者を使用する個人経営の「農林水産業」の事業のうち、一定のものであるので、製造業の事業は、強制適用事業となる。

解答 003　×　法３条／P9　社労士24P5▼

船員法上の船員については、労災保険法が「適用される」。

解答 004　D

A　×　法３条、地方公務員災害補償法67条／P10　社労士24P5▼

地方公務員のうち、現業部門の非常勤職員については、労災保険法が「適用される」。

B　×　法３条、独立行政法人通則法59条／P10　社労士24P5▼

行政執行法人の職員については、労災保険法が「適用されない」。

C　×　法３条／P10　社労士24P5▼

非現業の一般職の国家公務員については、労災保険法が「適用されない」。

D　○　法３条／P10　社労士24P5▼

国の直営事業及び官公署の事業（労働基準法別表第一に掲げる事業を除く。）については、労災保険法が「適用されない」。

+α【適用除外について】

・国家公務員→除外
・行政執行法人の職員は国家公務員→除外
・行政執行法人「以外」の独立行政法人の職員は民間人→適用

E　×　法３条、地方公務員災害補償法67条／P10　社労士24P5▼

常勤の地方公務員については、労災保険法が「適用されない」。

問題 005　平2801 B　□□□□□□□

法人のいわゆる重役で業務執行権又は代表権を持たない者が、工場長、部長の職にあって賃金を受ける場合は、その限りにおいて労災保険法が適用される。

解答 005　○　**S23.3.17基発461 ／ P 11　社労士24 P 5▼**

適用事業で使用される「労働者」（労働基準法９条）であれば、常用、日雇、アルバイト、パートタイマーなどの雇用形態を問わず、労災保険の適用がある。

第1節　業務災害

問題 006　平2607D　□□□□□□□

労働者が業務に起因して負傷又は疾病を生じた場合に該当すると認められるためには、業務と負傷又は疾病との間に相当因果関係があることが必要である。

問題 007　平2705A　□□□□□□□

業務に従事している場合又は通勤途上である場合において被った負傷であって、他人の故意に基づく暴行によるものについては、当該故意が私的怨恨に基づくもの、自招行為によるものその他明らかに業務に起因しないものを除き、業務に起因する又は通勤によるものと推定することとされている。

問題 008　平2601E　□□□□□□□

明日午前8時から午後1時までの間に、下請業者の実施する隣町での作業を指導監督するよう出張命令を受け、翌日、午前7時すぎ、自転車で自宅を出発し、列車に乗車すべく進行中、踏切で列車に衝突し死亡したが、同人が乗車しようとしていた列車が通常の通勤の場合にも利用していたものである場合は、通勤災害とされている。

問題 009　平2507B　□□□□□□□

出張の機会を利用して当該出張期間内において、出張先に赴く前後に自宅に立ち寄る行為（自宅から次の目的地に赴く行為を含む。）については、当該立ち寄る行為が、出張経路を著しく逸脱していないと認められる限り、原則として、通常の出張の場合と同様、業務として取り扱われる。

第1節　業務災害

解答 006　○　法7条／P14　社労士24P6▼

記述の通り正しい。

解答 007　○　H21.7.23基発0723／P14　社労士24P7▼

記述の通り正しい。

解答 008　×　S34.7.15基収2980／P16　社労士24P7▼

出張中は、その全般に業務遂行性が認められるため、本肢は、「業務災害」として扱われる。

解答 009　○　H18.3.31基労管発0331001／P16　社労士24P－▼

記述の通り正しい。

問題 010 O R □□□□□□□

「血管病変等を著しく増悪させる業務による脳血管疾患及び虚血性心疾患等の認定基準」（以下「認定基準」という。）に関する次の記述のうち、誤っているものはどれか。

A 次の⑴、⑵又は⑶の業務による明らかな過重負荷を受けたことにより発症した脳・心臓疾患は、業務に起因する疾病として取り扱う。

⑴ 発症前の長期間（発症前おおむね６か月間）にわたって、著しい疲労の蓄積をもたらす特に過重な業務（以下「長期間の過重業務」という。）に就労したこと。

⑵ 発症に近接した時期（発症前おおむね１週間）において、特に過重な業務（以下「短期間の過重業務」という。）に就労したこと。

⑶ 発症直前から前日までの間において、発生状態を時間的及び場所的に明確にし得る異常な出来事（以下「異常な出来事」という。）に遭遇したこと。

B 長期間の過重業務について、業務の過重性の具体的な評価に当たっては、疲労の蓄積の観点から、一定の負荷要因について十分検討する。例えば、労働時間については、労働時間にのみ着目し業務と発症との関連性が強いといえるかどうかを適切に判断することとし、労働時間以外の負荷要因については考慮しないものとする。

C 短期間の過重業務に関して、特に過重な業務に就労したと認められるか否かについては、業務量、業務内容、作業環境等を考慮し、同種労働者にとっても、特に過重な身体的、精神的負荷と認められる業務であるか否かという観点から、客観的かつ総合的に判断する。

D　異常な出来事と認められるか否かについては、出来事の異常性・突発性の程度、予測の困難性、事故や災害の場合にはその大きさ、被害・加害の程度、緊張、興奮、恐怖、驚がく等の精神的負荷の程度、作業強度等の身体的負荷の程度、気温の上昇又は低下等の作業環境の変化の程度等について検討し、これらの出来事による身体的、精神的負荷が著しいと認められるか否かという観点から、客観的かつ総合的に判断する。

E　認定基準は、次に掲げる脳・心臓疾患を対象疾病として取り扱う。

(1)　脳血管疾患（脳内出血（脳出血）、くも膜下出血、脳梗塞、高血圧性脳症）

(2)　虚血性心疾患等（心筋梗塞、狭心症、心停止（心臓性突然死を含む。）、重篤な心不全、大動脈解離）

解答 010　B　R3.9.14基発0914第1号／P18等　社労士24P8・9▼

長期間の過重業務について、業務の過重性の具体的な評価に当たっては、疲労の蓄積の観点から、一定の負荷要因について十分検討する。例えば、労働時間については、「労働時間以外の負荷要因において一定の負荷が認められる場合には、労働時間の状況をも総合的に考慮し、業務と発症との関連性が強いといえるかどうかを適切に判断する」。

問題 011　平2701　□□□□□□□

厚生労働省労働基準局長通知（「心理的負荷による精神障害の認定基準について」（以下「認定基準」という。））に関する次の記述のうち、正しいものはどれか。

A　認定基準においては、うつ病エピソードの発病直前の２か月間連続して１か月当たりおおむね80時間の時間外労働を行い、その業務内容が通常その程度の労働時間を要するものであった場合、心理的負荷の総合評価は「強」と判断される。

B　認定基準においては、同僚等から治療を要する程度のひどい暴行等を受けてうつ病エピソードを発病した場合、心理的負荷の総合評価は「強」と判断される。

C　認定基準においては、身体接触のない性的発言のみのセクシュアルハラスメントである場合には、これによりうつ病エピソードを発病しても、心理的負荷の総合評価が「強」になることはない。

D　認定基準においては、発病前おおむね６か月の間の出来事について評価することから、胸を触るなどのセクシュアルハラスメントを繰り返し受け続けて９か月あまりでうつ病エピソードを発病した場合、６か月より前の出来事については、評価の対象にならない。

E　認定基準においては、うつ病エピソードを発病した労働者がセクシュアルハラスメントを受けていた場合の心理的負荷の程度の判断は、その労働者がその出来事及び出来事後の状況が持続する程度を主観的にどう受け止めたかで判断される。

解答 011　B　H23.12.26基発1226第1号、R2.5.29基発0529第1号
／P20等　社労士24P9等▼

A　×

発病直前の連続した2か月間に、1か月当たりおおむね「120時間以上」の時間外労働を行い、その業務内容が通常その程度の労働時間を要するものであった場合、心理的負荷の総合評価は「強」と判断される。

B　○

記述の通り正しい。

C　×

身体接触のない性的な発言のみのセクシュアルハラスメントであって、発言の中に人格を否定するようなものを含み、かつ継続してなされた場合等は、心理的負荷の総合評価は「強」と判断される。

D　×

いじめやセクシュアルハラスメントのように、出来事が繰り返されるものについては、発病の6か月よりも前にそれが開始されている場合でも、発病前6か月以内の期間にも継続しているときは、「開始時からのすべての行為が評価の対象とされる」。

E　×

精神障害を発病した労働者がその出来事及び出来事後の状況が持続する程度を主観的にどう受け止めたかではなく、「同種の労働者が一般的にどう受け止めるかという観点から評価される」。

問題 012　平3001　□□□□□□□□

厚生労働省労働基準局長通知（「心理的負荷による精神障害の認定基準について」（以下「認定基準」という。））に関する次の記述のうち、正しいものはどれか。

なお、本問において「対象疾病」とは、「認定基準で対象とする疾病」のことである。

A　認定基準においては、次の①、②、③のいずれの要件も満たす対象疾病は、労働基準法施行規則別表第1の2第9号に規定する精神及び行動の障害又はこれに付随する疾病に該当する業務上の疾病として取り扱うこととされている。

①　対象疾病を発病していること。

②　対象疾病の発病前おおむね6か月の間に、業務による強い心理的負荷が認められること。

③　業務以外の心理的負荷及び個体側要因により対象疾病を発病したとは認められないこと。

B　認定基準において、業務による強い心理的負荷とは、精神障害を発病した労働者がその出来事及び出来事後の状況が持続する程度を主観的にどう受け止めたかという観点から評価されるものであるとされている。

C　認定基準においては、業務による心理的負荷の強度の判断に当たっては、精神障害発病前おおむね6か月の間に、対象疾病の発病に関与したと考えられる業務によるどのような出来事があり、また、その後の状況がどのようなものであったのかを具体的に把握し、それらによる心理的負荷の強度はどの程度であるかについて、「業務による心理的負荷評価表」を指標として「強」、「弱」の二段階に区分することとされている。

D　認定基準においては、「極度の長時間労働は、心身の極度の疲弊、消耗を来し、うつ病等の原因となることから、発病日から起算した直前の１か月間におおむね120時間を超える時間外労働を行った場合等には、当該極度の長時間労働に従事したことのみで心理的負荷の総合評価を「強」とする。」とされている。

E　認定基準においては、「いじめやセクシュアルハラスメントのように、出来事が繰り返されるものについては、発病の６か月よりも前にそれが開始されている場合でも、発病前６か月以内の行為のみを評価の対象とする。」とされている。

解答 012　A　H23.12.26基発1226第1号、R2.5.29基発0529第1号
／P20等　社労士24P9等▼

A　○

記述の通り正しい。

B　×

本肢については、精神障害を発病した労働者がその出来事及び出来事後の状況が持続する程度を主観的にどう受け止めたかではなく、「同種の労働者が一般的にどう受け止めるかという観点から評価されるもの」である。

C　×

本肢については、「強」、「弱」の二段階ではなく、「強」、「中」、「弱」の三段階である。

D　×

本肢については、直前の１か月間におおむね「120時間」ではなく、「160時間」である。

E　×

本肢については、「発病前６か月以内の行為のみを評価の対象とする」ではなく、「発病前６か月以内の期間にも継続しているときは、開始時からのすべての行為を評価の対象とする」である。

第2節　複数業務要因災害

問題 013　O　　R　　□□□□□□□

複数業務要因災害による疾病については、厚生労働省令で定めるものに限られ、労災保険法施行規則第18条の３の６において、労働基準法施行規則別表第一の二に掲げる疾病（業務上の負傷に起因する疾病等）に限るとされている。

第3節　通勤災害

問題 014　平2905D　□□□□□□□

通勤災害における合理的な経路とは、住居等と就業の場所等との間を往復する場合の最短距離の唯一の経路を指す。

問題 015　平2905E　□□□□□□□

労働者が転任する際に配偶者が引き続き就業するため別居することになった場合の、配偶者が住む居宅は、「住居」と認められることはない。

問題 016　平2703E　□□□□□□□

会社からの退勤の途中で美容院に立ち寄った場合、髪のセットを終えて直ちに合理的な経路に復した後についても、通勤に該当しない。

問題 017　平2507D　□□□□□□□

自殺の場合も、通勤の途中において行われたのであれば、通勤災害と認められる。

第2節　複数業務要因災害

解答 013　×　**則18条の3の6／P25　社労士24P11▼**

複数業務要因災害による疾病については、厚生労働省令で定めるものに限られ、労災保険法施行規則第18条の3の6において、「労働基準法施行規則別表第一の二第8号及び第9号に掲げる疾病（脳・心臓疾患及び精神障害）その他二以上の事業の業務を要因とすることの明らかな疾病」とされている。

第3節　通勤災害

解答 014　×　**S48.11.22基発644／P30　社労士24P14▼**

合理的な経路及び方法とは、当該移動の場合に、一般に労働者が用いるものと認められる経路及び手段等をいうものである。

解答 015　×　**H18.3.31基発0331042／P30　社労士24P12▼**

本肢の配偶者が住む居宅は、「住居」と認められることがある。

解答 016　×　**S58.8.2基発420／P32　社労士24P－▼**

美容院に立ち寄る行為は日用品の購入その他これに準ずる行為に該当するので、本肢の場合、合理的な経路に復した後は通勤に該当する。

解答 017　×　**H18.3.31基発0331042／P33　社労士24P15▼**

自殺の場合、通勤による災害と認められない。

問題 018　平2507E　□□□□□□□

通勤の途中で怨恨をもってけんかをしかけて負傷した場合、通勤災害と認められる。

問題 019　平2101D　□□□□□□□

通勤による疾病は、通勤による負傷に起因する疾病その他厚生労働省令で定める疾病に限られ、その具体的範囲は、労災保険法施行規則に基づき厚生労働大臣が告示で定めている。

解答 018　×　H18.3.31基発0331042／P33　社労士24P15▼

本肢の場合、通勤による災害と認められない。

解答 019　×　則18条の４／P34　社労士24P16▼

通勤による疾病の範囲は、厚生労働省令（労災保険法施行規則第18条の４）により「通勤による負傷に起因する疾病その他通勤に起因することの明らかな疾病」と定められており、厚生労働大臣が告示において具体的な疾病の範囲を定めているわけではない。

第１節　保険給付の種類等

問題 020　平2201 B　□□□□□□□☆

労災保険の保険給付のうち、業務災害に関する保険給付は、労働基準法に規定する災害補償の事由が生じた場合にのみ行われるのであって、その種類は、給付を受けるべき者の請求に基づく療養補償給付、休業補償給付、障害補償給付、遺族補償給付、葬祭料及び介護補償給付に限られる。

第２節　療養（補償）等給付

問題 021　平3002 D　□□□□□□□

療養補償給付としての療養の給付の範囲には、病院又は診療所における療養に伴う世話その他の看護のうち、政府が必要と認めるものは含まれるが、居宅における療養に伴う世話その他の看護が含まれることはない。

問題 022　令0105 D　□□□□□□□

被災労働者が、災害現場から医師の治療を受けるために医療機関に搬送される途中で死亡したときは、搬送費用が療養補償給付の対象とはなり得ない。

第１節　保険給付の種類等

解答 020　×　法12条の８／Ｐ36・37　社労士24Ｐ18・19▼

業務災害に関する保険給付は、労働基準法に規定する災害補償の事由が生じた場合にのみ行われるわけではなく、本肢の保険給付以外にも、所定の要件を満たしたときに「所轄労働基準監督署長が支給決定を行う傷病補償年金」がある。また、介護補償給付は、労働基準法に規定する災害補償の事由が生じた場合に行われるものではない。

第２節　療養（補償）等給付

解答 021　×　法13条／Ｐ39　社労士24Ｐ20▼

【療養の給付の範囲】

療養の給付の範囲は、以下の①～⑥とされる。ただし、政府が必要と認めるものに限られる。

①　診察

②　薬剤又は治療材料の支給

③　処置、手術その他の治療

④　「居宅における療養上の管理及びその療養に伴う世話その他の看護」

⑤　病院又は診療所への入院及びその療養に伴う世話その他の看護

⑥　移送

解答 022　×　S30.7.13基収841／Ｐ40　社労士24Ｐ20▼

本肢の搬送費用は移送費として療養補償給付の対象となり得る。

問題 023　平2804B　□□□□□□□

労働者が遠隔地において死亡した場合の火葬料及び遺骨の移送に必要な費用は、療養補償費の範囲には属さない。

問題 024　令0105C　□□□□□□□

病院等の付属施設で、医師が直接指導のもとに行う温泉療養については、療養補償給付の対象となることがある。

問題 025　令0105A　□□□□□□□

療養の給付は、社会復帰促進等事業として設置された病院若しくは診療所又は都道府県労働局長の指定する病院若しくは診療所、薬局若しくは訪問看護事業者（「指定病院等」という。以下本問において同じ。）において行われ、指定病院等に該当しないときは、厚生労働大臣が健康保険法に基づき指定する病院であっても、療養の給付は行われない。

問題 026　O　R　□□□□□□□

複数事業労働者療養給付を受ける複数事業労働者は、一部負担金を徴収される。

問題 027　O　R　□□□□□□□

療養給付を受ける労働者（厚生労働省令で定める者を除く。）は、療養に要した費用の３割を一部負担金として負担する。

問題 028　令0105E　□□□□□□□

療養給付を受ける労働者から一部負担金を徴収する場合には、労働者に支給される休業給付であって最初に支給すべき事由の生じた日に係るものの額から一部負担金の額に相当する額を控除することにより行われる。

解答 023　○　S24.7.22基収2303／P40　社労士24P－▼

なお、本肢の「療養補償費」とは、療養補償給付をさす。

解答 024　○　S25.10.6基発916／P40　社労士24P20▼

なお、「医師が直接の指導を行わない」温泉療養については、療養補償費を「支給しない」。

解答 025　○　則11条／P40　社労士24P20▼

【療養の給付の実施機関】

① 社会復帰促進等事業として設置されている病院又は診療所（労災病院）

② 都道府県労働局長の指定する病院・診療所・薬局・訪問看護事業者

解答 026　×　法31条／P41　社労士24P20▼

複数事業労働者療養給付を受ける複数事業労働者は、一部負担金を徴収されない。

解答 027　×　法31条、則44条の２／P41　社労士24P20▼

政府は、療養給付を受ける労働者（厚生労働省令で定める者を除く。）から、「200円」を超えない範囲内で厚生労働省令で定める額を一部負担金として徴収する。

解答 028　○　法31条、則44条の２／P41　社労士24P20・23▼

記述の通り正しい。

問題 029　平2702E　□□□□□□□

　政府が療養給付を受ける労働者から徴収する一部負担金は、第三者の行為によって生じた交通事故により療養給付を受ける者からも徴収する。

問題 030　平2702B　□□□□□□□

　療養の給付は、その傷病が療養を必要としなくなるまで行われるので、症状が安定して疾病が固定した状態になり、医療効果が期待しえない状態になっても、神経症状のような傷病の症状が残っていれば、療養の給付が行われる。

問題 031　平2103B　□□□□□□□

　療養補償給付は、療養の給付として行われるのが原則であるが、療養の給付を行うことが困難である場合のほか、労働者が指定病院等でない病院等であっても当該病院等による療養を望む場合には、療養の給付に代えて療養の費用が支給される。

問題 032　平2505　□□□□□□□

　療養給付たる療養の給付を受けようとする者が、療養の給付を受けようとする指定病院等を経由して所轄労働基準監督署長に提出しなければならない請求書に記載しなければならない事項として、労災保険法施行規則に掲げられていないものはどれか。

A　災害の発生の時刻及び場所

B　通常の通勤の経路及び方法

C　療養の給付を受けようとする指定病院等の名称及び所在地

D　加害者がいる場合、その氏名及び住所

E　労働者の氏名、生年月日及び住所

解答 029　×　法31条、則44条の２／P41　社労士24P20▼

本肢の場合、一部負担金は徴収されない。

解答 030　×　S23.1.13基災発3／P41　社労士24P21▼

治ゆとは症状が安定し、疾病が固定した状態にあるものをいい、治療の必要がなくなったものである。療養の給付は、治ゆした後は行われない。

解答 031　×　則11条の２、S41.1.31基発73／P42　社労士24P21▼

療養の給付をすることが困難な場合のほか、「療養の給付を受けないことについて労働者に相当の理由がある場合」でなければ、療養の費用は支給されない。

解答 032　D　則18条の５／P43　社労士24P－▼

Ｄについては、本肢の請求書に記載しなければならない事項として、労災保険法施行規則には掲げられていない。

問題 033　令0105Ｂ　□□□□□□□

　療養の給付を受ける労働者は、当該療養の給付を受けている指定病院等を変更しようとするときは、所定の事項を記載した届書を、新たに療養の給付を受けようとする指定病院等を経由して所轄労働基準監督署長に提出するものとされている。

問題 034　Ｏ　Ｒ　□□□□□□□

　療養補償給付の請求書は、療養の給付又は療養の費用の支給のいずれについても、療養を受ける病院、診療所等を経由し都道府県労働局長に提出しなければならない。

第３節　休業（補償）等給付

問題 035　平2104Ｃ　□□□□□□□

　業務上の負傷が治ゆしても重い障害が残ったため、義肢の装着に必要な手術、術後のリハビリテーション等を受けて労働することができないために賃金を受けない場合は、療養のため労働することができないために賃金を受けない場合に該当しないので、休業補償給付は支給されない。

問題 036　平3005Ｂ　□□□□□□□

　業務上の傷病により、所定労働時間の全部労働不能で半年間休業している労働者に対して、事業主が休業中に平均賃金の６割以上の金額を支払っている場合には、休業補償給付は支給されない。

解答 033 ○ 則12条、18条の5／P43 社労士24P21▼

記述の通り正しい。

解答 034 × 則12条、12条の2／P42・43 社労士24P21▼

療養の給付の請求書は、「指定病院等を経由して所轄労働基準監督署長」に提出する。また、療養の費用の支給の請求書は、「直接所轄労働基準監督署長」に提出する。

第3節 休業（補償）等給付

解答 035 ○ S24.12.15基収3535／P45 社労士24P22▼

休業補償給付は、治ゆ前の給付であるので、負傷が治った後においては支給されない。

解答 036 ○ 法14条／P46 社労士24P22▼

全部労働不能の場合にあっては、平均賃金の60%未満の金額しか受けない日が、賃金を受けない日に該当する。本肢の場合、賃金を受けていることになるので、休業補償給付は支給されない。

問題 037　平3005D　□□□□□□□

会社の所定休日においては、労働契約上賃金請求権が生じないので、業務上の傷病による療養中であっても、当該所定休日分の休業補償給付は支給されない。

問題 038　平2104B　□□□□□□□

休業補償給付は、業務上の傷病による休業（療養のため労働することができないために賃金を受けない場合をいう。）の第４日目から支給されるが、この第４日目とは、休業が継続していると断続しているとを問わず、実際に休業した日の第４日目のことである。

問題 039　平3005A　□□□□□□□

休業補償給付は、業務上の傷病による療養のため労働できないために賃金を受けない日の４日目から支給されるが、休業の初日から第３日目までの期間は、事業主が労働基準法第76条に基づく休業補償を行わなければならない。

第４節　傷病（補償）等年金

問題 040　平3002A　□□□□□□□

傷病補償年金は、業務上負傷し、又は疾病にかかった労働者が、当該負傷又は疾病に係る療養の開始後１年を経過した日において次の①、②のいずれにも該当するとき、又は同日後次の①、②のいずれにも該当することとなったときに、その状態が継続している間、当該労働者に対して支給する。

①　当該負傷又は疾病が治っていないこと。

②　当該負傷又は疾病による障害の程度が厚生労働省令で定める傷病等級に該当すること。

解答 037　×　　最判S58.10.13／P46　社労士24P23▼

休業補償給付は、労働者が業務上の傷病により療養のため労働不能の状態にあって賃金を受けることができない場合に支給されるものであり、その者が休日又は出勤停止の懲戒処分を受けた等の理由で雇用契約上賃金請求権を有しない日についても「支給される」。

解答 038　○　　法14条、S40.7.31基発901／P47　社労士24P22▼

休業補償給付に係る待期期間は、継続、断続を問わず、合計日数が３日あれば完成する。

解答 039　○　S40.7.31基発901／P47　社労士24P23▼

記述の通り正しい。

第４節　傷病（補償）等年金

解答 040　×　　法12条の８／P50　社労士24P25▼

本肢は、療養の開始後「１年を経過」ではなく、「１年６か月を経過」である。

問題 041　O　R　□□□□□□□

傷病補償年金の支給要件に係る業務上の傷病による障害の程度は、３か月以上の期間にわたって存する障害の状態によって認定される。

問題 042　平2105D　□□□□□□□

傷病補償年金の支給事由となる障害の程度は、厚生労働省令の傷病等級表に定められており、厚生労働省令で定める障害等級の第１級から第３級までの障害と均衡したものであって、年金給付の支給日数も同様である。

問題 043　O　R　□□□□□□□

業務上の傷病が療養開始後３年を経過した日以後においても治らず、かつ、当該傷病による障害の程度が厚生労働省令で定める傷病等級に該当する労働者は、所轄労働基準監督署長に所定の請求書を提出し、傷病補償年金の支給を受けることができる。なお、傷病補償年金の支給を受けることとなったときは、休業補償給付は支給されない。

問題 044　平2902D　□□□□□□□

傷病補償年金を受ける労働者の障害の程度に変更があり、新たに他の傷病等級に該当するに至った場合には、所轄労働基準監督署長は、裁量により、新たに該当するに至った傷病等級に応ずる傷病補償年金を支給する決定ができる。

問題 045　平2902C　□□□□□□□

傷病補償年金の受給者の障害の程度が軽くなり、厚生労働省令で定める傷病等級に該当しなくなった場合には、当該傷病補償年金の受給権は消滅するが、なお療養のため労働できず、賃金を受けられない場合には、労働者は休業補償給付を請求することができる。

解答 041　×　則18条／P50　社労士24P25▼

本肢については、「3か月」ではなく「6か月」である。

解答 042　○　法18条、則別表1・2／P50　社労士24P28▼

記述の通り正しい。

解答 043　×　則18条の2／P51　社労士24P25▼

傷病補償年金の支給の決定は、療養の開始後「1年6か月を経過した日以後」において要件に該当する労働者に対して、所轄労働基準監督署長によって行われるものであり、「労働者の請求により支給されるものではない」。

解答 044　×　則18条の3／P52　社労士24P26▼

所轄労働基準監督署長は、傷病等級に変更があった場合には、傷病等級の変更による傷病補償年金の変更に関する「決定をしなければならない」。

解答 045　○　S52.3.30基発192／P52　社労士24P26▼

障害の程度の軽減によって傷病補償年金の受給権が消滅しても、傷病が治ゆしていない場合は、所定の要件を満たせば、療養補償給付や休業補償給付が支給される。

問題 046　令0206 B　□□□□□□□

業務上負傷し、又は疾病にかかった労働者が、当該負傷又は疾病に係る療養の開始後３年を経過した日において傷病補償年金を受けている場合に限り、その日において、使用者は労働基準法第81条の規定による打切補償を支払ったものとみなされ、当該労働者について労働基準法第19条第１項の規定によって課せられた解雇制限は解除される。

問題 047　O　　R　□□□□□□□

休業補償給付の支給を受けている労働者が療養開始後３年を経過したときは、労働基準法第19条第１項の規定による解雇制限が解除される。

第５節　障害（補償）等給付

問題 048　平3006 A　□□□□□□□

厚生労働省令で定める障害等級表に掲げるもの以外の身体障害は、その障害の程度に応じて、同表に掲げる身体障害に準じて障害等級を定めることとされている。

問題 049　平3006 D　□□□□□□□

同一の負傷又は疾病が再発した場合には、その療養の期間中は、障害補償年金の受給権は消滅する。

解答 046　×　法19条／P53　社労士24P26▼

業務上負傷し、又は疾病にかかった労働者が、当該負傷又は疾病に係る療養の開始後３年を経過した日において傷病補償年金を受けている場合又は「同日後において傷病補償年金を受けることとなった場合」には、当該使用者は、それぞれ、当該３年を経過した日又は「傷病補償年金を受けることとなった日」において、打切補償を支払ったものとみなす。

解答 047　×　法19条／P53　社労士24P26▼

労働基準法の規定による解雇制限が解除されるのは、療養開始後３年を経過した日において「傷病補償年金」を受けている場合等である。

第５節　障害（補償）等給付

解答 048　○　則14条／P56　社労士24P－▼

記述の通り正しい。

解答 049　○　H27.12.22基補発1222第1号／P56　社労士24P－▼

記述の通り正しい。

問題 050　令0502　㊗新　□□□□□□□

業務上の災害により、ひじ関節の機能に障害を残し（第12級の６）、かつ、四歯に対し歯科補てつを加えた（第14級の２）場合の、障害補償給付を支給すべき身体障害の障害等級として正しいものはどれか。

A　併合第10級

B　併合第11級

C　併合第12級

D　併合第13級

E　併合第14級

問題 051　平2502D　□□□□□□□

業務災害による身体の部位の機能障害と、そこから派生した神経症状が、医学的にみて一個の病像と把握される場合には、当該機能障害と神経症状を包括して一個の身体障害と評価し、その等級は重い方の障害等級による。

問題 052　平3006E　□□□□□□□

障害等級表に該当する障害が２以上あって厚生労働省令の定める要件を満たす場合には、その障害等級は、厚生労働省令の定めに従い繰り上げた障害等級による。具体例は次の通りである。

①　第５級、第７級、第９級の３障害がある場合　第３級

②　第４級、第５級の２障害がある場合　第２級

③　第８級、第９級の２障害がある場合　第７級

問題 053　O　R　□□□□□□□

既に身体に障害のあった労働者が、業務上の負傷又は疾病により同一の部位について障害の程度を重くした場合の障害の加重の取扱については、既存の障害は業務上の傷病等に限られ、私傷病によるものについては、加重の取扱はなされない。

解答 050　C　則14条／P57　社労士24P28▼

本問は、障害等級第13級以上に該当する身体障害が二以上ないため、繰上げ併合の扱いとはならない。したがって、「重い方の身体障害の該当する障害等級」になることより「C　併合第12級」となる。

解答 051　○　H18.1.25基発0125002／P58　社労士24P－▼

一の身体障害に他の身体障害が通常派生する関係にある場合には、いずれか上位の等級をもって、当該身体障害の等級とする。

解答 052　×　則14条／P58　社労士24P28▼

本肢の第４級、第５級の２障害がある場合は、第４級を３級繰り上げるので「第１級」になる。

解答 053　×　則14条、S50.9.30基発565／P60　社労士24P29▼

加重障害の場合の「既に障害のあった者」とは、業務上の傷病の発生前において、既に身体障害のあった者の意味であって、その身体障害については先天性、私傷病、業務災害等の別を問わない。

問題 054　令0205　□□□□□□□ ☆

障害等級認定基準についての行政通知によれば、既に右示指の用を廃していた（障害等級第12級の９、障害補償給付の額は給付基礎日額の156日分）者が、新たに同一示指を亡失した場合には、現存する身体障害に係る障害等級は第11級の６（障害補償給付の額は給付基礎日額の223日分）となるが、この場合の障害補償給付の額に関する次の記述のうち、正しいものはどれか。

A　給付基礎日額の67日分

B　給付基礎日額の156日分

C　給付基礎日額の189日分

D　給付基礎日額の223日分

E　給付基礎日額の379日分

問題 055　平2106Ｄ　□□□□□□□ ☆

既に業務災害による障害の障害等級に応じて障害補償一時金を支給されていた者が新たな業務災害により同一の部位について障害の程度が加重され、それに応ずる障害補償年金を支給される場合には、その額は、原則として、既存の障害に係る障害補償一時金の額の25分の１を差し引いた額による。

解答 054　A　H16.6.4基発0604002／P60　社労士24P29▼

現在の障害による障害補償一時金（給付基礎日額の223日分）－既存の障害による障害補償一時金（同156日分）＝加重障害による支給額（同67日分）

解答 055　○　則14条／P60　社労士24P29▼

記述の通り正しい。

問題 056　令0305　□□□□□□□☆

業務上の災害により既に１上肢の手関節の用を廃し第８級の６（給付基礎日額の503日分）と障害等級を認定されていた者が、復帰直後の新たな業務上の災害により同一の上肢の手関節を亡失した場合、現存する障害は第５級の２（当該障害の存する期間１年につき給付基礎日額の184日分）となるが、この場合の障害補償の額は、当該障害の存する期間１年につき給付基礎日額の何日分となるかについての次の記述のうち、正しいものはどれか。

A　163.88日分

B　166.64日分

C　184日分

D　182.35日分

E　182.43日分

問題 057　平3006C　□□□□□□□

既に業務災害による障害補償年金を受ける者が、新たな業務災害により同一の部位について身体障害の程度を加重した場合には、現在の障害の該当する障害等級に応ずる障害補償年金の額から、既存の障害の該当する障害等級に応ずる障害補償年金の額を差し引いた額の障害補償年金が支給され、その差額の年金とともに、既存の障害に係る従前の障害補償年金も継続して支給される。

問題 058　O　R　□□□□□□□

障害補償年金を受ける労働者の当該障害の程度に変更があり、障害等級第８級以下に該当するに至った場合には、従前の障害補償年金は支給されず、新たに該当するに至った障害等級に応ずる障害補償一時金が支給されることとなるが、その額が、従前の６年間に支給された障害補償年金の合計額を超える場合には、その超える部分の額を減じた額の障害補償一時金が支給される。

解答 056　A　則14条、S50.9.30基発565／P60　社労士24P29▼

現在の障害による障害補償年金（給付基礎日額の184日分）－既存の障害による障害補償一時金（同503日分）÷25＝加重障害による支給額（同163.88日分）

解答 057　○　則14条／P60　社労士24P29▼

記述の通り正しい。

解答 058　×　法15条の2／P61　社労士24P30▼

障害補償年金を受ける労働者の当該障害の程度に変更があり、障害等級第8級以下に該当した場合は、新たに該当するに至った障害等級に該当する障害補償一時金の「全額」が支給され、本肢の後段のような取扱いはなされない。

問題 059　O　R　□□□□□□□

障害補償一時金を受ける労働者の当該障害の程度に変更があったため、新たに他の障害等級に該当するに至った場合、改定の取扱いにより、新たな障害補償給付が支給される。

問題 060　O　R　□□□□□□□

障害等級第１級に該当する障害補償年金の受給権者に係る障害補償年金前払一時金の最高限度額は、給付基礎日額の1,000日分である。

問題 061　O　R　□□□□□□□☆

障害補償年金前払一時金の請求は、障害補償年金の請求と同時に行わなければならないが、当該障害補償年金の支給の決定の通知があった日の翌日から起算して２年を経過する日までの間は、当該障害補償年金を請求した後においても、障害補償年金前払一時金を請求することができる。

問題 062　O　R　□□□□□□□☆

障害補償年金を受ける権利を有する者は、当該年金の前払一時金の支給を受けることができ、所定の要件を満たす場合には、厚生労働省令で定める額を上限として、一定の期間の経過後に、同一の事由について、再度、前払一時金の支給を受けることができる。

問題 063　O　R　□□□□□□□

障害補償年金の受給権者が死亡したことにより障害補償年金差額一時金が支給される場合において、当該受給権者の死亡の当時、その者と生計を同じくしていなかった配偶者と、生計を同じくしていた弟がその遺族であるときは、当該配偶者が、当該障害補償年金差額一時金の受給権者となる。

解答 059　×　法15条の２／P61　社労士24P30▼

障害補償一時金を受ける労働者の当該障害の程度に変更があったため、新たに他の障害等級に該当するに至った場合でも、「改定の取扱いはない」。

解答 060　×　法附則59条、則附則24項／P63　社労士24P31▼

障害等級第１級に該当する場合の障害補償年金前払一時金の最高限度額は、給付基礎日額の「1,340日分」である。

解答 061　×　則附則26項／P64　社労士24P31▼

障害補償年金を請求した後において、障害補償年金前払一時金を請求することができるのは、当該障害補償年金の支給の決定の通知があった日の翌日から起算して「１年」を経過する日までの間である。

解答 062　×　則附則26項・27項／P64　社労士24P31▼

障害補償年金前払一時金の請求は、同一の事由に関し、「１回」に限られる。

解答 063　×　法附則58条／P66　社労士24P32▼

障害補償年金差額一時金を受けることができる遺族は、配偶者、子、父母、孫、祖父母及び兄弟姉妹のうち最先順位の者であるが、遺族が誰であるかを問わず、生計を同じくしていた者が生計を同じくしていなかった者に先んじて受給権者となるので、本肢の場合は「弟」が受給権者となる。

第6節　介護（補償）等給付

問題 064　平2107A　□□□□□□□

介護補償給付は、障害補償年金又は傷病補償年金を受ける権利を有する労働者が、その受ける権利を有する障害補償年金又は傷病補償年金の支給事由となる障害のため、現に常時又は随時介護を受けているときは、その障害の程度にかかわらず、当該介護を受けている間（所定の障害者支援施設等に入所している間を除く。）、当該労働者の請求に基づいて行われる。

問題 065　O　R　□□□□□□□

介護補償給付は、傷病補償年金又は障害補償年金を受ける権利を有する労働者が、当該傷病補償年金又は障害補償年金の支給事由となる障害であって厚生労働省令で定める程度のものにより、常時又は随時介護を要する状態にあり、かつ、常時又は随時介護を受けているときに、当該介護を受けている間（病院その他一定の施設に入所している間を除く。）、当該労働者の親族に対し、その請求に基づいて行われる。

問題 066　平3002B　□□□□□□□

介護補償給付は、障害補償年金又は傷病補償年金を受ける権利を有する労働者が、その受ける権利を有する障害補償年金又は傷病補償年金の支給事由となる障害であって厚生労働省令で定める程度のものにより、常時又は随時介護を要する状態にあり、かつ、常時又は随時介護を受けているときに、当該介護を受けている間、当該労働者に対し、その請求に基づいて行われるものであり、病院又は診療所に入院している間も行われる。

第6節　介護（補償）等給付

解答 064　×　法12条の8、則18条の3の2、別表3
／P67　社労士24P34▼

介護補償給付は、「障害補償年金又は傷病補償年金の支給事由となる障害であって厚生労働省令で定める程度のもの」に該当しない場合は、支給されない。

解答 065　×　法12条の8／P67　社労士24P34▼

介護補償給付は、傷病補償年金又は障害補償年金を受ける権利を有する労働者が、当該傷病補償年金又は障害補償年金の支給事由となる障害であって厚生労働省令で定める程度のものにより、常時又は随時介護を要する状態にあり、かつ、常時又は随時介護を受けているときに、当該介護を受けている間（病院その他一定の施設に入所している間を除く。）、当該「労働者」に対し、その請求に基づいて行われる。

解答 066　×　法12条の8／P68　社労士24P35▼

介護補償給付は、以下の間は支給されない。

① 障害者の日常生活及び社会生活を総合的に支援するための法律に規定する障害者支援施設に入所している間（生活介護を受けている場合に限る。）

② 障害者支援施設（生活介護を行うものに限る。）に準ずる施設として厚生労働大臣が定めるもの（老人福祉法の規定による特別養護老人ホーム等）に入所している間

③ 「病院又は診療所に入院している間」

問題 067　平3002C　□□□□□□□

介護補償給付は、月を単位として支給するものとし、その月額は、常時又は随時介護を受ける場合に通常要する費用を考慮して厚生労働大臣が定める額とする。

問題 068　令0206E　□□□□□□□

介護補償給付は、親族又はこれに準ずる者による介護についても支給されるが、介護の費用として支出した額が支給されるものであり、「介護に要した費用の額の証明書」を添付しなければならないことから、介護費用を支払わないで親族又はこれに準ずる者による介護を受けた場合は支給されない。

問題 069　平2107B　□□□□□□□☆

障害補償年金又は傷病補償年金を受ける権利を有する労働者が介護補償給付を請求する場合における当該請求は、当該障害補償年金又は傷病補償年金の請求をした後に行わなければならない。

解答 067 ○ 法19条の２／P69 社労士24P35▼

記述の通り正しい。

解答 068 × 則18条の３の４／P69 社労士24P35▼

介護費用を支払わないで親族又はこれに準ずる者による介護を受けた場合であっても、介護補償給付の最低保障額が支給される。

解答 069 × 則18条の３の５、H8.3.1基発95／P71 社労士24P35▼

障害補償年金を受ける権利を有する者が介護補償給付を請求する場合における当該請求は、「障害補償年金の請求と同時に、又は請求をした後に」行うものとされ、また、傷病補償年金を受ける権利を有する者が介護補償給付を請求する場合における当該請求は、「傷病補償年金の支給決定を受けた後に」行うものとされる。

第7節　遺族（補償）等給付

問題 070　令0206C　□□□□□□□□

業務上の災害により死亡した労働者Ｙには２人の子がいる。１人はＹの死亡の当時19歳であり、Ｙと同居し、Ｙの収入によって生計を維持していた大学生で、もう１人は、Ｙの死亡の当時17歳であり、Ｙと離婚した元妻と同居し、Ｙが死亡するまで、Ｙから定期的に養育費を送金されていた高校生であった。２人の子は、遺族補償年金の受給資格者であり、同順位の受給権者となる。

問題 071　令0505A　新　□□□□□□□□

妻である労働者の死亡当時、無職であった障害の状態にない50歳の夫は、労働者の死亡の当時その収入によって生計を維持していたものであるから、遺族補償年金の受給資格者である。

問題 072　O　R　□□□□□□□□

遺族補償給付を受けることができる配偶者には、事実上婚姻関係と同様の事情にあった者も含まれるが、死亡した被災労働者が、届出による婚姻関係にあり、かつ、他の者と事実上の婚姻関係を有していたいわゆる重婚的内縁関係にあった場合、当該届出による婚姻関係が形骸化していても、当該被災労働者と事実上の婚姻関係を有していた者が、遺族補償給付を受けることができる配偶者とされることはない。

第7節　遺族（補償）等給付

解答 070　×　法16条の２／P73　社労士24P36▼

本肢において、Ｙの死亡当時19歳であった子については、遺族補償年金の受給資格者にはならない。

解答 071　×　法16条の２、S40法附則43条／P73・74　社労士24P36▼

本肢の夫は、55歳以上ではないため、遺族補償年金の受給資格者にならない。

解答 072　×　H10.10.30基発627／P73　社労士24P37▼

死亡した被災労働者が重婚的内縁関係にあった場合の遺族補償給付については、原則として届出による婚姻関係にあった者に受給権を認めるものとされるが、「届出による婚姻関係がその実体を失って形骸化している等の状況があれば、事実上の婚姻関係にあった者に受給権を認める場合がある」。

問題 073　O　R　□□□□□□□☆

遺族補償年金の受給資格要件の一つである厚生労働省令で定める障害の状態は、身体に障害等級第３級以上に該当する障害がある状態又は傷病が治らないで、身体の機能若しくは精神に、労働が高度の制限を受けるか、若しくは労働に高度の制限を加えることを必要とする程度以上の障害がある状態である。

問題 074　令0505C　㊗新　□□□□□□□

労働者の死亡当時、胎児であった子は、労働者の死亡の当時その収入によって生計を維持していたものとはいえないため、出生後も遺族補償年金の受給資格者ではない。

問題 075　O　R　□□□□□□□☆

遺族補償年金を受けるべき遺族の順位は、①配偶者（婚姻の届出をしていないが、事実上婚姻と同様の事情にあった者を含む。）又は子、②父母、③孫、④祖父母、⑤兄弟姉妹の順である。

解答 073　×　則15条／P73　社労士24P37▼

本肢については、障害等級第３級以上ではなく、障害等級「第５級」以上である。

解答 074　×　法16条の２／P74　社労士24P39▼

労働者の死亡の当時、胎児であった子が出生したときは、将来に向かって、その子は、労働者の死亡の当時その収入によって生計を維持していた子とみなすため、本肢の子は、遺族補償年金の受給資格者になる。

解答 075　×　法16条の２／P74　社労士24P37▼

遺族補償年金を受けるべき遺族の順位は、「①配偶者（婚姻の届出をしていないが、事実上婚姻と同様の事情にあった者を含む。）、②子」、③父母、④孫、⑤祖父母、⑥兄弟姉妹の順である。

問題 076　平2501 A　□□□□□□□

遺族補償年金を受ける権利を有する遺族が妻であり、かつ、当該妻と生計を同じくしている遺族補償年金を受けることができる遺族がない場合において、当該妻が55歳に達したとき（労災保険法別表第一の厚生労働省令で定める障害の状態にあるときを除く。）は、その達した月から遺族補償年金の額を改定する。

問題 077　平2303 A　□□□□□□□

遺族補償年金を受ける権利は、その権利を有する遺族が、直系血族又は直系姻族である者の養子となったときは、消滅する。

問題 078　平2303 B　□□□□□□□

遺族補償年金を受ける権利は、その権利を有する遺族が、婚姻の届出はしていないものの事実上婚姻関係と同様の事情にある場合に至ったときは、消滅する。

問題 079　平2303 C　□□□□□□□

遺族補償年金を受ける権利は、その権利を有する兄弟姉妹が労災保険法第16条の２第１項第４号の厚生労働省令で定める障害の状態にあるときであっても、18歳に達した日以後の最初の３月31日が終了したときは、消滅する。

解答 076　×　　法16条の３／P76　社労士24P－▼

本肢の遺族補償年金の額が改定されるのは、「翌月」からである。

解答 077　×　　法16条の４／P78　社労士24P38▼

遺族補償年金を受ける権利は、直系血族又は直系姻族「以外」の者の養子となったときは、消滅する。

解答 078　○　　法16条の４／P78　社労士24P38▼

記述の通り正しい。

解答 079　×　　法16条の４／P78　社労士24P38▼

労働者の死亡の時から引き続き厚生労働省令で定める障害の状態にある兄弟姉妹については、18歳に達した日以後の最初の３月31日が終了したときであっても、その遺族補償年金の受給権は消滅しない。

問題 080　平2303 D　□□□□□□□

遺族補償年金を受ける権利は、その権利を有する、労災保険法第16条の２第１項第４号の厚生労働省令で定める障害の状態にあった祖父母が、その障害の状態がなくなったときは、労働者の死亡の当時60歳以上であった場合であっても、消滅する。

問題 081　平2303 E　□□□□□□□

遺族補償年金を受ける権利は、その権利を有する、労災保険法第16条の２第１項第４号の厚生労働省令で定める障害の状態にあった孫が、その障害の状態がなくなったときは、18歳に達する日以後の最初の３月31日までの間にあるときであっても、消滅する。

問題 082　O　R　□□□□□□□☆

遺族補償年金を受けることができる遺族について、労働者の死亡の当時胎児であった子が出生したときは、その子は、将来に向かって、労働者の死亡の当時その収入によって生計を維持していたとみなされ、また、その子が厚生労働省令で定める障害の状態で出生した場合についても、将来に向かって、労働者の死亡の当時厚生労働省令で定める障害の状態にあったものとみなされる。

問題 083　令0505 E　㊍新　□□□□□□□

労働者の死亡当時、30歳未満であった子のない妻は、遺族補償年金の受給開始から５年が経つと、遺族補償年金の受給権を失う。

解答 080　×　法16条の４／P78　社労士24 P38▼

労働者の死亡当時において、年齢要件（60歳以上）を満たしている祖父母については、たとえ、厚生労働省令で定める障害の状態がなくなったときであっても、その遺族補償年金の受給権は消滅しない。

解答 081　×　法16条の４／P78　社労士24 P38▼

労働者の死亡当時において、年齢要件（18歳に達する日以後の最初の３月31日までの間）を満たしている孫については、たとえ、厚生労働省令で定める障害の状態がなくなったときであっても、18歳に達する日以後の最初の３月31日までの間は、その遺族補償年金の受給権は消滅しない。

解答 082　×　法16条の２／P78　社労士24 P39▼

労働者の死亡の当時胎児であった子が障害の状態で出生した場合であっても、将来に向かって、労働者の死亡の当時障害の状態にあったとはみなされない。

解答 083　×　法16条の４／P78　社労士24 P38▼

本肢の場合、遺族補償年金の受給権を失わない。

問題 084　令0306　□□□□□

遺族補償一時金を受けるべき遺族の順位に関する次の記述のうち、誤っているものはどれか。

A　労働者の死亡当時その収入によって生計を維持していた父母は、労働者の死亡当時その収入によって生計を維持していなかった配偶者より先順位となる。

B　労働者の死亡当時その収入によって生計を維持していた祖父母は、労働者の死亡当時その収入によって生計を維持していなかった父母より先順位となる。

C　労働者の死亡当時その収入によって生計を維持していた孫は、労働者の死亡当時その収入によって生計を維持していなかった子より先順位となる。

D　労働者の死亡当時その収入によって生計を維持していた兄弟姉妹は、労働者の死亡当時その収入によって生計を維持していなかった子より後順位となる。

E　労働者の死亡当時その収入によって生計を維持していた兄弟姉妹は、労働者の死亡当時その収入によって生計を維持していなかった父母より後順位となる。

解答 084　A　法16条の７／Ｐ83　社労士24Ｐ41▼

Ａの場合、「配偶者」が先順位となる。

+α【遺族補償一時金の受給資格者・受給権者】

・最先順位→「配偶者」（無条件で）
・第２順位→「子、父母、孫、祖父母」＋維持関係「あり」
・第３順位→「子、父母、孫、祖父母」＋維持関係「なし」
・最後順位→「兄弟姉妹」（無条件で）

問題 085　平2806　□□□□□□□

遺族補償給付に関する次の記述のうち、誤っているものの組合せは、後記AからEまでのうちどれか。

ア　傷病補償年金の受給者が当該傷病が原因で死亡した場合には、その死亡の当時その収入によって生計を維持していた妻は、遺族補償年金を受けることができる。

イ　労働者が業務災害により死亡した場合、当該労働者と同程度の収入があり、生活費を分担して通常の生活を維持していた妻は、一般に「労働者の死亡当時その収入によって生計を維持していた」ものにあたらないので、遺族補償年金を受けることはできない。

ウ　遺族補償年金を受ける権利は、その権利を有する遺族が、自分の伯父の養子となったときは、消滅する。

エ　遺族補償年金の受給権を失権したものは、遺族補償一時金の受給権者になることはない。

オ　労働者が業務災害により死亡した場合、その兄弟姉妹は、当該労働者の死亡の当時、その収入により生計を維持していなかった場合でも、遺族補償一時金の受給者となることがある。

A　（アとウ）

B　（イとエ）

C　（ウとオ）

D　（アとエ）

E　（イとオ）

問題 086　平2201E　□□□□□□□

遺族補償給付を受ける権利を有する同順位者が２人以上ある場合の遺族補償給付の額は、遺族補償年金にあっては労災保険法別表第１に規定する額を、遺族補償一時金にあっては同法別表第２に規定する額を、それぞれ同順位者の人数で除して得た額となる。

解答 085　B　（イとエ）

ア　○　法16条の２／P72　社労士24P－▼

記述の通り正しい。

イ　×　則14条の４、S41.10.22基発1108／P74　社労士24P37▼

「生計を維持していた」ことの認定については、労働者の死亡当時において、その収入によって日常生活の全部又は一部を営んでおり、死亡労働者の収入がなければ通常の生活水準を維持することが困難となるような関係が常態であったか否かにより判断される。したがって、本肢の場合、生計を維持していたと認められる。

ウ　○　法16条の４／P78　社労士24P38▼

記述の通り正しい。

エ　×　法16条の６／P79　社労士24P41▼

遺族補償年金の受給権を失権したものであっても、遺族補償一時金の受給権者になることはある。

オ　○　法16条の７／P83　社労士24P41▼

記述の通り正しい。

解答 086　○　法16条の３、16条の８／P84・76　社労士24P41・37▼

記述の通り正しい。

問題 087　平2501C　□□□□□□□

労働者の死亡前に、当該労働者の死亡により遺族補償年金を受けることができる遺族となるべき者を故意又は過失によって死亡させた者は、遺族補償年金を受けるべき遺族としない。

第８節　葬祭料等（葬祭給付）

問題 088　平2804D　□□□□□□□

死体のアルコールによる払拭のような本来葬儀屋が行うべき処置であっても、医師が代行した場合は療養補償費の範囲に属する。

解答 087　×　法16条の９／Ｐ85　社労士24Ｐ42▼

労働者の死亡前に、当該労働者の死亡によって遺族補償年金を受けることができる「先順位又は同順位の遺族となるべき者」を「故意」に死亡させた者は、遺族補償年金を受けることができる遺族とされない。

第８節　葬祭料等（葬祭給付）

解答 088　×　S23.7.10基災発97／Ｐ86　社労士24Ｐ－▼

本肢の場合の費用は、葬祭料の範囲に属する。

第９節　二次健康診断等給付

問題 089　平3007A　□□□□□□□

一次健康診断の結果その他の事情により既に脳血管疾患又は心臓疾患の症状を有すると認められる場合には、二次健康診断等給付は行われない。

問題 090　平2503B　□□□□□□□

二次健康診断の結果に基づき、脳血管疾患及び心臓疾患の発生の予防を図るため、面接により行われる医師又は保健師による特定保健指導は、二次健康診断ごとに２回までとされている。

問題 091　平3007B　□□□□□□□

特定保健指導は、医師または歯科医師による面接によって行われ、栄養指導もその内容に含まれる。

問題 092　平3007C　□□□□□□□

二次健康診断の結果その他の事情により既に脳血管疾患又は心臓疾患の症状を有すると認められる労働者については、当該二次健康診断に係る特定保健指導は行われない。

第9節　二次健康診断等給付

解答 089　○　法26条／P89　社労士24P44▼

記述の通り正しい。

解答 090　×　法26条／P89　社労士24P45▼

特定保健指導は、二次健康診断ごとに「1回」までとされている。

解答 091　×　法26条／P89　社労士24P45▼

特定保健指導は、医師または歯科医師ではなく、「医師または保健師」による面接によって行われる。

解答 092　○　法26条／P89　社労士24P45▼

記述の通り正しい。

問題 093　O　R　□□□□□□□☆

二次健康診断等給付の支給は、社会復帰促進等事業として設置された病院若しくは診療所又は都道府県労働局長が療養の給付を行う病院若しくは診療所として指定した病院若しくは診療所において行われるが、これらの病院若しくは診療所によることが困難な事情にある者については、これら以外の病院若しくは診療所による二次健康診断等給付の費用が支給される。

問題 094　O　R　□□□□□□□

二次健康診断を受けた労働者から、当該二次健康診断の実施の日から１か月以内にその結果を証明する書面の提出を受けた事業者は、二次健康診断の結果に基づき、当該健康診断項目に異常の所見があると診断された労働者につき、当該労働者の健康を保持するために必要な措置について、医師の意見をきかなければならない。

問題 095　O　R　□□□□□□□

二次健康診断等給付を受けようとする者は、所定の事項を記載した請求書を都道府県労働局長が療養の給付を行う病院等として指定した病院等を経由して所轄都道府県労働局長に提出しなければならない。

問題 096　O　R　□□□□□□□

二次健康診断等給付は、社会復帰促進等事業として設置された病院若しくは診療所又は都道府県労働局長の指定する病院若しくは診療所において行われるが、その請求は、一次健康診断の結果を知った日から１年以内に行わなければならない。

解答 093　×　法26条、則11条の３／P90　社労士24P45▼

二次健康診断等給付の実施機関は、社会復帰促進等事業として設置された病院等又は都道府県労働局長が「二次健康診断等給付を行う」病院等として指定した病院等である。また、本肢後段のような、二次健康診断等給付の費用を支給する取扱いはない。

解答 094　×　法27条、則18条の17／P90　社労士24P－▼

本肢については、「１か月以内」ではなく「３か月以内」である。

解答 095　×　則18条の19／P91　社労士24P45▼

二次健康診断等給付を受けようとする者は、所定の事項を記載した請求書を「その二次健康診断等給付を受けようとする健診給付病院等」を経由して所轄都道府県労働局長に提出しなければならない。

解答 096　×　則18条の19／P91　社労士24P45▼

本肢の請求は、「一次健康診断を受けた日」から「３か月以内」に行わなければならない。

第10節　支給制限

問題 097　平2907E　□□□□□□□

労働者が、故意に負傷、疾病、障害若しくは死亡又はその直接の原因となった事故を生じさせたときは、政府は、保険給付を行わない。

問題 098　令0201B　□□□□□□□

業務遂行中の負傷であれば、負傷の原因となった事故が、負傷した労働者の故意の犯罪行為によって生じた場合であっても、政府は保険給付の全部又は一部を行わないとすることはできない。

問題 099　令0201E　□□□□□□□

業務起因性の認められる疾病に罹患した労働者が、療養に関する指示に従わないことにより疾病の回復を妨げた場合であっても、指示に従わないことに正当な理由があれば、政府は保険給付の全部又は一部を行わないとすることはできない。

問題 100　平2502B　□□□□□□□

政府は、保険給付に関して必要であると認めるときは、保険給付を受け、又は受けようとする者に対し、その指定する医師の診断を受けるべきことを命ずることができ、その者が命令に従わないときは、保険給付の支払を一時差し止めることができる。

第10節　支給制限

解答 097　○　法12条の２の２／P91　社労士24P46▼

なお、一般に、故意とは、自分の行為が一定の結果を生ずべきことを認識し、かつ、この結果を生ずることを認容することをいうが、本肢の規定による故意とは、結果の発生を意図した故意をいう。そのため、被災労働者が結果の発生を認容していても業務との相当因果関係が認められる事故については、支給制限の適用はない。

解答 098　×　法12条の２の２／P92　社労士24P47▼

本肢の場合、政府は保険給付の全部又は一部を行わないことができる。

解答 099　○　法12条の２の２／P92　社労士24P47▼

労働者が「故意の犯罪行為若しくは重大な過失により、又は正当な理由がなくて療養に関する指示に従わないことにより」、負傷、疾病、障害若しくは死亡若しくはこれらの原因となった事故を生じさせ、又は、負傷、疾病若しくは障害の程度を増進させ、若しくはその回復を妨げたときは、政府は、「保険給付の全部又は一部を行わないことができる」。

解答 100　○　法47条の２、47条の３／P93　社労士24P47▼

記述の通り正しい。

第1節　給付基礎日額

問題 101　O　R　□□□□□□□□□

複数事業労働者の業務上の事由、複数事業労働者の二以上の事業の業務を要因とする事由又は複数事業労働者の通勤による負傷、疾病、障害又は死亡により、当該複数事業労働者、その遺族その他厚生労働省令で定める者に対して保険給付を行う場合における給付基礎日額は、当該複数事業労働者を使用する事業ごとに算定した給付基礎日額に相当する額を比較し最も高い額とする。

問題 102　O　R　□□□□□□□□□ ☆

遺族補償年金に係る年金給付基礎日額の年齢階層ごとの最低限度額及び最高限度額の規定を適用する場合における年齢は、当該遺族補償年金の受給権者が年金給付を受けるべき月の属する保険年度における８月１日を基準とした年齢によるものとされている。

問題 103　O　R　□□□□□□□□□ ☆

給付基礎日額のうち、①年金給付の額の算定の基礎として用いるもの、②療養開始後１年６か月を経過した日以後に支給事由が生じた休業補償給付の額の算定の基礎として用いるもの、③障害補償一時金又は遺族補償一時金の額の算定の基礎として用いるものについては、所定の年齢階層ごとの最高限度額及び最低限度額が設定されている。

第１節　給付基礎日額

解答 101　×　法８条／P98　社労士24P49▼

複数事業労働者の業務上の事由、複数事業労働者の二以上の事業の業務を要因とする事由又は複数事業労働者の通勤による負傷、疾病、障害又は死亡により、当該複数事業労働者、その遺族その他厚生労働省令で定める者に対して保険給付を行う場合における給付基礎日額は、当該複数事業労働者を使用する事業ごとに算定した給付基礎日額に相当する額を「合算した額を基礎として、厚生労働省令で定めるところによって政府が算定する額とする」。

解答 102　×　法８条の３／P102　社労士24P51▼

遺族補償年金を支給すべき場合にあっては、当該支給すべき事由に係る被災労働者が生存していると仮定して計算した場合の「当該被災労働者」の基準日（８月１日）における年齢によるものとされている。

解答 103　×　法８条の３、８条の４／P105　社労士24P51▼

一時金たる保険給付の額の算定の基礎として用いる給付基礎日額については、年齢階層別の最低・最高限度額の規定は、適用されない。

O　　R　　□□□□□□□☆

休業補償給付の額の算定に用いられる給付基礎日額には、原則として、労働基準法第12条の平均賃金に相当する額が用いられるが、休業補償給付を支給すべき事由が生じた日が当該休業補償給付に係る療養を開始した日から起算して１年６か月を経過した日以後の日である場合において、四半期（１～３月、４～６月、７～９月、10～12月）ごとの毎月勤労統計における労働者１人当たりの平均給与額が休業補償給付の算定事由発生日の属する四半期の平均給与額（「毎月きまって支給する給与」の１か月平均額）の100分の110を超え、又は100分の90を下るに至ったときは、その上昇し、又は低下するに至った四半期の翌々四半期の初日以後に支給事由が生じた休業補償給付については、その上下した数値を労働基準法第12条の平均賃金に相当する額に乗じてスライドさせた額が給付基礎日額として用いられる。

問題 105　O　　R　　□□□□□□□

年金たる保険給付の支給に係る給付基礎日額について、１円未満の端数があるときは、その端数については切り捨てる。

第２節　保険給付の通則

問題 106　O　　R　　□□□□□□□

航空機に乗っていてその航空機の航行中行方不明となった労働者の生死が３か月間わからない場合には、遺族補償給付の支給に関する規定の適用については、労働者が行方不明となって３か月経過した日に、当該労働者は、死亡したものと推定する。

解答 104 × 法８条の２／P105 社労士24P53▼

休業補償給付に係るスライド制の規定の適用については、療養を開始した日から起算して１年６か月を経過した日以後の場合に限られず、「当初から適用」される。なお、年齢階層別最低・最高限度額の規定の適用については、「療養を開始した日から起算して１年６か月を経過した日以後」とされている。

解答 105 × 法８条の５／P105 社労士24P53▼

給付基礎日額に１円未満の端数があるときは、これを「１円に切り上げる」ものとする。

第２節 保険給付の通則

解答 106 × 法10条／P106 社労士24P42▼

本肢は、労働者が行方不明となって「３か月経過した日」ではなく、「行方不明となった日」に死亡したものと推定する。

+α 【死亡の推定】

・船舶○、航空機○→他の乗り物は×
・生死不明期間は、３か月○→６か月×
・死亡推定時期は、行方不明となった「その日」○
→翌日×、３か月経過日×

問題 107　平3004　□□□□□□□

労災保険に関する次の記述のうち、誤っているものはいくつあるか。

ア　労災保険法に基づく遺族補償年金を受ける権利を有する者が死亡した場合において、その死亡した者に支給すべき遺族補償年金でまだその者に支給しなかったものがあるときは、当該遺族補償年金を受けることができる他の遺族は、自己の名で、その未支給の遺族補償年金の支給を請求することができる。

イ　労災保険法に基づく遺族補償年金を受ける権利を有する者が死亡した場合において、その死亡した者が死亡前にその遺族補償年金を請求していなかったときは、当該遺族補償年金を受けることができる他の遺族は、自己の名で、その遺族補償年金を請求することができる。

ウ　労災保険法に基づく保険給付を受ける権利を有する者が死亡し、その者が死亡前にその保険給付を請求していなかった場合、未支給の保険給付を受けるべき同順位者が２人以上あるときは、その１人がした請求は、全員のためその全額につきしたものとみなされ、その１人に対してした支給は、全員に対してしたものとみなされる。

エ　労災保険法又は同法に基づく政令及び厚生労働省令に規定する期間の計算については、同省令において規定された方法によることとされており、民法の期間の計算に関する規定は準用されない。

オ　試みの使用期間中の者にも労災保険法は適用される。

A　一つ
B　二つ
C　三つ
D　四つ
E　五つ

解答 107 A 一つ

ア ○ 法11条／P107 社労士24P55▼

記述の通り正しい。

イ ○ 法11条／P107 社労士24P55▼

記述の通り正しい。

ウ ○ 法11条／P107 社労士24P55▼

記述の通り正しい。

エ × 法43条／P165 社労士24P－▼

本肢は、民法の期間の計算に関する規定が準用される。

オ ○ 法3条、労働基準法9条／P11 社労士24P5▼

試みの使用期間中であっても、労働者であることに変わりはないため、その使用されたときから労災保険が適用される。

問題 108　O　R　□□□□□□□

傷病補償年金と同一の事由により障害厚生年金が併給される場合、傷病補償年金が減額調整され、その際、傷病補償年金に乗じる率は0.86とされている。

解答 108　×　令４条／P108・109　社労士24P60・61▼

本肢の場合、傷病補償年金に乗じる率は「0.88」とされている。

令0504 新 □□□□□□

労災年金と厚生年金・国民年金との間の併給調整に関する次のアからオの記述のうち、正しいものはいくつあるか。なお、昭和60年改正前の厚生年金保険法、船員保険法又は国民年金法の規定による年金給付が支給される場合については、考慮しない。また、調整率を乗じて得た額が、調整前の労災年金額から支給される厚生年金等の額を減じた残りの額を下回る場合も考慮しない。

ア　同一の事由により障害補償年金と障害厚生年金及び障害基礎年金を受給する場合、障害補償年金の支給額は、0.73の調整率を乗じて得た額となる。

イ　障害基礎年金のみを既に受給している者が新たに障害補償年金を受け取る場合、障害補償年金の支給額は、0.83の調整率を乗じて得た額となる。

ウ　障害基礎年金のみを受給している者が遺族補償年金を受け取る場合、遺族補償年金の支給額は、0.88の調整率を乗じて得た額となる。

エ　同一の事由により遺族補償年金と遺族厚生年金及び遺族基礎年金を受給する場合、遺族補償年金の支給額は、0.80の調整率を乗じて得た額となる。

オ　遺族基礎年金のみを受給している者が障害補償年金を受け取る場合、障害補償年金の支給額は、0.88の調整率を乗じて得た額となる。

A　一つ

B　二つ

C　三つ

D　四つ

E　五つ

解答 109　B　二つ　法別表１等／P108・109　社労士24P60・61▼

「イ・ウ・オ」の場合、同一事由により支給されるものではないため、調整は行われない。

問題 110　O　R　□□□□□□□

休業補償給付を受ける労働者が同一の事由により厚生年金保険法による障害厚生年金を受けることができる場合には、休業補償給付の額は、所定の率により減額調整されるが、同一の事由により国民年金法による障害基礎年金を受けることができる場合には、休業補償給付の額が減額調整されることはない。

問題 111　O　R　□□□□□□□

同一の業務上の事由による負傷又は疾病に関し、年金たる保険給付（遺族補償年金を除く。以下「乙年金」という。）を受ける権利を有する労働者が他の年金たる保険給付（遺族補償年金を除く。以下「甲年金」という。）を受ける権利を有することとなり、かつ、乙年金を受ける権利が消滅した場合において、その消滅した月の翌月以後の分として乙年金が支払われたときは、その支払われた乙年金は、甲年金の内払とみなす。

問題 112　O　R　□□□□□□□

同一の傷病に関し、休業補償給付を受けている労働者が障害補償給付又は傷病補償年金を受ける権利を有することとなり、かつ、休業補償給付は行われないこととなった場合において、その後も休業補償給付が支払われたときは、その支払われた休業補償給付は、過誤払が行われたものとして返還されるべきものであるが、支払われるべき傷病補償年金又は障害補償給付に充当することもできる。

問題 113　平2404A　□□□□□□□

年金たる保険給付を減額して改定すべき事由が生じたにもかかわらず、その事由が生じた月の翌月以後の分として減額しない額の年金たる保険給付が支払われたときは、その支払われた年金たる保険給付の当該減額すべきであった部分は、その後に支払うべき年金たる保険給付の内払とみなすことができる。

解答 110 × 法14条、別表1／P109 社労士24P60▼

同一の事由により障害基礎年金（20歳前障害の障害基礎年金を除く。）を受けることができる場合、休業補償給付が減額調整される。

解答 111 ○ 法12条／P110 社労士24P56▼

記述の通り正しい。

解答 112 × 法12条／P113 社労士24P56▼

同一の傷病に関し、休業補償給付を受けている労働者が障害補償給付又は傷病補償年金を受ける権利を有することとなり、かつ、休業補償給付は行われないこととなった場合において、その後も休業補償給付が支払われたときは、その支払われた休業補償給付は、「当該傷病補償年金又は障害補償給付の内払とみなされる」。

解答 113 ○ 法12条／P114 社労士24P56▼

記述の通り正しい。

問題 114　平2501E　□□□□□□□

年金たる保険給付を受ける権利を有する者が死亡したためその支給を受ける権利が消滅したにもかかわらず、その死亡の日の属する月の翌月以後の分として当該年金たる保険給付の過誤払が行われた場合において、当該過誤払による返還金に係る債権に係る債務の弁済をすべき者に支払うべき保険給付があるときであっても、当該保険給付の支払金の金額を当該過誤払による返還金に係る債権の金額に充当することはできない。

問題 115　O　R　□□□□□□□

政府は、第三者の行為によって生じた事故を原因とする業務災害について保険給付を行ったときは、その給付の価額の限度で、受給者が第三者に対して有する損害賠償の請求権を取得する。この場合において、対象となる保険給付は、災害発生後7年以内に支給事由が生じた保険給付（年金たる保険給付については、この7年間に係るものに限る。）とされている。

問題 116　令0202C　□□□□□□□

偽りその他不正の手段により労災保険に係る保険給付を受けた者があるときは、政府は、その保険給付に要した費用に相当する金額の全部又は一部をその者から徴収することができる。

問題 117　令0202D　□□□□□□□

偽りその他不正の手段により労災保険に係る保険給付を受けた者があり、事業主が虚偽の報告又は証明をしたためその保険給付が行われたものであるときは、政府は、その事業主に対し、保険給付を受けた者と連帯してその保険給付に要した費用に相当する金額の全部又は一部である徴収金を納付すべきことを命ずることができる。

解答 114 ×　法12条の２／Ｐ114　社労士24Ｐ57▼

本肢の場合、充当することができる。

+α 【内払・充当】

・１人の年金間の調整（同一傷病）
　→内払○（充当×）
・２人（死亡した者と債務の弁済をすべき者）の年金間の調整（死亡の給付）
　→充当○（内払×）

解答 115 ×　法12条の４、第三者行為災害事務取扱手引／Ｐ116　社労士24Ｐ58▼

本肢については、「７年」ではなく「５年」である。

解答 116 ○　法12条の３／Ｐ121　社労士24Ｐ57▼

記述の通り正しい。

解答 117 ○　法12条の３／Ｐ121　社労士24Ｐ57▼

記述の通り正しい。

問題 118　平2605D　□□□□□□□

派遣労働者が偽りその他不正の手段により保険給付を受けた理由が、派遣先事業主が不当に保険給付を受けさせることを意図して事実と異なる報告又は証明を行ったためである場合には、政府は、派遣先事業主から、保険給付を受けた者と連帯してその保険給付に要した費用に相当する金額の全部又は一部を徴収することができる。

解答 118 × 法12条の3、S61.6.30基発383 ／ P121 社労士24P57▼

派遣先事業主に対しては、本肢の規定は適用されない。

問題 119　平2704　□□□□□□□

労災保険の適用があるにもかかわらず、労働保険徴収法第４条の２第１項に規定する労災保険に係る保険関係成立届（以下、本問において「保険関係成立届」という。）の提出を行わない事業主に対する費用徴収のための故意又は重大な過失の認定に関する次の記述のうち、誤っているものはどれか。

なお、本問の「保険手続に関する指導」とは、所轄都道府県労働局、所轄労働基準監督署又は所轄公共職業安定所の職員が、保険関係成立届の提出を行わない事業主の事業場を訪問し又は当該事業場の事業主等を呼び出す方法等により、保険関係成立届の提出ほか所定の手続をとるよう直接行う指導をいう。また、「加入勧奨」とは、厚生労働省労働基準局長の委託する労働保険適用促進業務を行う一般社団法人全国労働保険事務組合連合会の支部である都道府県労働保険事務組合連合会（以下「都道府県労保連」という。）又は同業務を行う都道府県労保連の会員である労働保険事務組合が、保険関係成立届の提出ほか所定の手続について行う勧奨をいう。

A　事業主が、労災保険法第31条第１項第１号の事故に係る事業に関し、保険手続に関する指導を受けたにもかかわらず、その後10日以内に保険関係成立届を提出していなかった場合、「故意」と認定した上で、原則、費用徴収率を100％とする。

B　事業主が、労災保険法第31条第１項第１号の事故に係る事業に関し、加入勧奨を受けたにもかかわらず、その後10日以内に保険関係成立届を提出していなかった場合、「故意」と認定した上で、原則、費用徴収率を100％とする。

C　事業主が、労災保険法第31条第１項第１号の事故に係る事業に関し、保険手続に関する指導又は加入勧奨を受けておらず、労働保険徴収法第３条に規定する保険関係が成立した日から１年を経過してなお保険関係成立届を提出していなかった場合、原則、「重大な過失」と認定した上で、費用徴収率を40％とする。

D　事業主が、保険手続に関する指導又は加入勧奨を受けておらず、かつ、事業主が、その雇用する労働者について、取締役の地位にある等労働者性の判断が容易でないといったやむを得ない事情のために、労働者に該当しないと誤認し、労働保険徴収法第３条に規定する保険関係が成立した日から１年を経過してなお保険関係成立届を提出していなかった場合、その事業において、当該保険関係成立日から１年を経過した後に生じた事故については、労災保険法第31条第１項第１号の「重大な過失」と認定しない。

E　事業主が、労災保険法第31条第１項第１号の事故に係る事業に関し、保険手続に関する指導又は加入勧奨を受けておらず、かつ、事業主が、本来独立した事業として取り扱うべき出張所等について、独立した事業には該当しないと誤認したために、当該事業の保険関係について直近上位の事業等他の事業に包括して手続をとり、独立した事業としては、労働保険徴収法第３条に規定する保険関係が成立した日から１年を経過してなお保険関係成立届を提出していなかった場合、「重大な過失」と認定した上で、原則、費用徴収率を40％とする。

解答 119　E

A　○　H17.9.22基発0922001／P123　社労士24P67▼

記述の通り正しい。

B　○　H17.9.22基発0922001／P123　社労士24P－▼

記述の通り正しい。

+α　事　　由：行政機関から労災保険に係る保険関係成立届の提出等について指導又は加入勧奨を受けたにもかかわらず、10日以内に提出を行っていない事業主

認　　定：故意

徴収金額：保険給付額の100分の100

C　○　H17.9.22基発0922001／P124　社労士24P67▼

記述の通り正しい。

+α　事　　由：行政機関から指導又は加入勧奨を受けた事実はないものの、保険関係成立の日以降1年を経過してなお保険関係成立届を提出していない事業主

認　　定：重大な過失

徴収金額：保険給付額の100分の40

D　○　H17.9.22基発0922001／P124　社労士24P－▼

記述の通り正しい。

E　×　H17.9.22基発0922001／P124　社労士24P－▼

本肢の場合、重大な過失と認定しない。

+α　行政機関から指導又は加入勧奨を受けた事実はないものの、保険関係成立の日以降1年を経過してなお保険関係成立届を提出していない場合であっても下記のいずれかの事情が認められるときは、事業主の重大な過失として認定しないものとされる。

a　事業主が、その雇用する労働者について、労働者に該当しないと誤認したために保険関係成立届を提出していなかった場合（当該労働者が取締役の地位にある等労働者性の判断が容易でなく、事業主が誤認したことについてやむを得ない事情が認められる場合に限る。）

b　事業主が、本来独立した事業として取り扱うべき出張所等について、独立した事業には該当しないと誤認したために、当該事業の保険関係について直近上位の事業等他の事業に包括して手続をとっている場合

問題 120　平2907D　□□□□□□□

保険給付を受ける権利は、労働者の退職によって変更されることはない。

第3節　費用の負担

問題 121　平2607C　□□□□□□□

国庫は、労災保険事業に要する費用の一部を補助することができる。

解答 120 ○　法12条の５／P126　社労士24P61▼

記述の通り正しい。

第３節　費用の負担

解答 121 ○　法32条／P127　社労士24P66▼

国庫は、予算の範囲内において、労災保険事業に要する費用の一部を補助することができる。

第１節　社会復帰促進等事業とは

問題 122　令0107　□□□□□□□

政府が労災保険の適用事業に係る労働者及びその遺族について行う社会復帰促進等事業として誤っているものは、次のうちどれか。

A　被災労働者に係る葬祭料の給付

B　被災労働者の受ける介護の援護

C　被災労働者の遺族の就学の援護

D　被災労働者の遺族が必要とする資金の貸付けによる援護

E　業務災害の防止に関する活動に対する援助

問題 123　O　R　□□□□□□□

政府は、社会復帰促進等事業のうち、独立行政法人労働者健康安全機構法に掲げるものを独立行政法人労働者健康安全機構に行わせているが、具体的には、特別支給金に係る業務や、事業場における災害の予防に係る事項並びに労働者の健康の保持増進に係る事項及び職業性疾病の病因、診断、予防その他の職業性疾病に係る事項に関する総合的な調査及び研究（一定のものを除く。）の事業等が該当する。

第２節　特別支給金制度

問題 124　平2202Ａ　□□□□□□□

特別支給金は、保険給付ではなく、その支給は社会復帰促進等事業として行われるものであり、その支給事由、支給内容、支給手続等は、労働者災害補償保険特別支給金支給規則に定めるところによる。

第１節　社会復帰促進等事業とは

解答 122　A　法29条／P 133・132・86　社労士24 P 62・43▼

「A　被災労働者に係る葬祭料の給付」は、社会復帰促進等事業ではない。「保険給付」にあたるものである。

解答 123　×　法29条、独立行政法人労働者健康安全機構法12条／P 133　社労士24 P 63▼

本肢における特別支給金に係る業務は、「政府」により実施される。

+α【独立行政法人労働者健康安全機構に行わせる事業（抜粋）】

ア　療養施設等の設置及び運営

イ　事業場における災害の予防に係る事項並びに労働者の健康の保持増進に係る事項及び職業性疾病の病因、診断、予防その他の職業性疾病に係る事項に関する総合的な調査及び研究を行うこと

ウ　賃金の支払の確保等に関する法律に規定する未払賃金の立替払事業の実施

第２節　特別支給金制度

解答 124　○　支給金則１条／P 134　社労士24 P －▼

記述の通り正しい。

問題 125　O　R　□□□□□□□

遺族補償年金の受給権者については、その申請により遺族特別支給金として300万円が支給されるが、遺族補償一時金の受給権者については、遺族特別支給金は支給されない。

問題 126　O　R　□□□□□□□

休業特別支給金の額は、１日につき算定基礎日額の100分の30に相当する額とされる。

問題 127　令0206 A　□□□□□□□

労働者が業務上の負傷又は疾病による療養のため所定労働時間のうちその一部分のみについて労働し、当該労働に対して支払われる賃金の額が給付基礎日額の20％に相当する場合、休業補償給付と休業特別支給金とを合わせると給付基礎日額の100％となる。

問題 128　平2406 D　□□□□□□□

遺族特別支給金の額は、300万円とされ、遺族特別支給金の支給を受ける遺族が２人以上ある場合には、それぞれに300万円が支給される。

問題 129　O　R　□□□□□□□

特別支給金の支給の申請は、原則として、関連する保険給付の支給の請求と同時に行うこととなるが、傷病特別支給金、傷病特別年金の申請については、当分の間、休業特別支給金の支給の申請の際に特別給与の総額についての届出を行っていない者を除き、傷病（補償）等年金の支給の決定を受けた者は、傷病特別支給金、傷病特別年金の申請を行ったものとして取り扱う。

解答 125　×　**支給金則５条／P135　社労士24P64▼**

遺族補償一時金の受給権者であっても、その申請により遺族特別支給金が支給される。

解答 126　×　**支給金則３条／P135　社労士24P64▼**

休業特別支給金の額は、１日につき「休業給付基礎日額」の「100分の20」に相当する額とされる。

解答 127　×　**法14条、支給金則３条／P135・48　社労士24P64・24▼**

本肢の場合、休業補償給付の額は、「給付基礎日額から当該労働に対して支払われる賃金の額を控除して得た額」の100分の60に相当する額であり、休業特別支給金の額は、「休業給付基礎日額から当該労働に対して支払われる賃金の額を控除して得た額」の100分の20に相当する額である。

解答 128　×　**支給金則５条／P135　社労士24P64▼**

遺族特別支給金の支給を受ける遺族が２人以上ある場合には、300万円を「その人数で除して得た額」がそれぞれに支給される。

解答 129　○　**S56.6.27基発393、S52.3.30基発192**
／P135・136　社労士24P64・65▼

記述の通り正しい。

問題 130　平2807E　□□□□□□□

障害補償年金前払一時金が支給されたため、障害補償年金が支給停止された場合であっても、障害特別年金は支給される。

問題 131　令0207E　□□□□□□□

労災保険法による障害補償年金、傷病補償年金、遺族補償年金を受ける者が、同一の事由により厚生年金保険法の規定による障害厚生年金、遺族厚生年金等を受けることとなり、労災保険からの支給額が減額される場合でも、障害特別年金、傷病特別年金、遺族特別年金は減額されない。

問題 132　令0207C　□□□□□□□

第三者の不法行為によって業務上負傷し、その第三者から同一の事由について損害賠償を受けていても、特別支給金は支給申請に基づき支給され、調整されることはない。

問題 133　平2207D　□□□□□□□

特別支給金に関する決定は、保険給付に関する決定があった場合に行われるものであり、当該特別支給金に関する決定に不服がある被災者や遺族は、労働者災害補償保険審査官に審査請求をすることができる。

解答 130　○　法附則59条、支給金則７条／P140　社労士24P65▼

記述の通り正しい。

解答 131　○　法別表１、支給金則20条／P140　社労士24P65▼

記述の通り正しい。

解答 132　○　最判H8.2.23／P140　社労士24P65▼

記述の通り正しい。

解答 133　×　法38条、支給金則20条／P140　社労士24P65▼

特別支給金に関する決定に不服がある場合であっても、労災保険法に規定する不服申立てをすることはできない。

第２節　特別加入の要件

問題 134　平2907C　□□□□□□□

最高裁判所の判例においては、労災保険法第34条第１項が定める中小事業主の特別加入の制度は、労働者に関し成立している労災保険の保険関係を前提として、当該保険関係上、中小事業主又はその代表者を労働者とみなすことにより、当該中小事業主又はその代表者に対する法の適用を可能とする制度である旨解説している。

問題 135　令0403　□□□□□□□

厚生労働省令で定める数以下の労働者を使用する事業の事業主で、労働保険徴収法第33条第３項の労働保険事務組合に同条第１項の労働保険事務の処理を委託するものである者（事業主が法人その他の団体であるときは、代表者）は労災保険に特別加入することができるが、労災保険法第33条第１号の厚生労働省令で定める数以下の労働者を使用する事業の事業主に関する次の記述のうち、正しいものはどれか。

A　金融業を主たる事業とする事業主については常時100人以下の労働者を使用する事業主

B　不動産業を主たる事業とする事業主については常時100人以下の労働者を使用する事業主

C　小売業を主たる事業とする事業主については常時100人以下の労働者を使用する事業主

D　サービス業を主たる事業とする事業主については常時100人以下の労働者を使用する事業主

E　保険業を主たる事業とする事業主については常時100人以下の労働者を使用する事業主

第2節　特別加入の要件

解答 134　○　最判H24.2.24／P143　社労士24P69▼

記述の通り正しい。

解答 135　D　法33条、則46条の16／P143　社労士24P69▼

労災保険法第33条第1号の厚生労働省令で定める数以下の労働者を使用する事業の事業主は、常時300人（金融業若しくは保険業、不動産業又は小売業を主たる事業とする事業主については50人、卸売業又はサービス業を主たる事業とする事業主については100人）以下の労働者を使用する事業主であることから、本問はDが正解肢となる。

問題 136　令0303A　□□□□□□□☆

特別加入者である中小事業主が高齢のため実際には就業せず、専ら同業者の事業主団体の会合等にのみ出席するようになった場合であっても、中小企業の特別加入は事業主自身が加入する前提であることから、事業主と当該事業に従事する他の者を包括して加入しなければならず、就業実態のない事業主として特別加入者としないことは認められない。

問題 137　O　R　□□□□□□□

介護作業従事者については、労働者災害補償保険法における特別加入制度に加入することができるが、家事支援従事者については当該制度に加入することができない。

問題 138　令0303E　□□□□□□□

平成29年から介護作業従事者として特別加入している者が、訪問先の家庭で介護者以外の家族の家事支援作業をしているときに火傷し負傷した場合は、業務災害と認められることはない。

問題 139　平2405E　□□□□□□□

海外派遣者について、派遣先の海外の事業が厚生労働省令で定める数以下の労働者を使用する事業に該当する場合であっても、その事業の代表者は、労災保険の特別加入の対象とならない。

解答 136 × H15.5.20基発0520002 ／P 143 社労士24 P 69▼

高齢のため実際に就業しない事業主は、就業実態のない事業主として包括加入の対象から除外することができる。

解答 137 × 則46条の18 ／P 146 社労士24 P 71▼

介護作業従事者及び「家事支援従事者」については、労働者災害補償保険法における「特別加入制度に加入することができる」。

解答 138 × 則46条の18、H30.2.8基発0208第1号
／P 146 社労士24 P 71▼

本肢の場合、業務災害と認められる場合がある。

解答 139 × 法33条、36条／P 147 社労士24 P 72▼

本肢の者は、特別加入の対象となる。

問題 140　令0303D　□□□□□□□

日本国内で行われている有期事業でない事業を行う事業主から、海外（業務災害、複数業務要因災害及び通勤災害に関する保護制度の状況その他の事情を考慮して厚生労働省令で定める国の地域を除く。）の現地法人で行われている事業に従事するため派遣された労働者について、急な赴任のため特別加入の手続きがなされていなかった。この場合、海外派遣されてからでも派遣元の事業主（日本国内で実施している事業について労災保険の保険関係が既に成立している事業主）が申請すれば、政府の承認があった場合に特別加入することができる。

第3節　特別加入の効果

問題 141　O　　R　□□□□□□□

特別加入者に係る業務災害については、労働者災害補償保険法施行規則に基づき都道府県労働局長が定める基準によって、その認定が行われる。

問題 142　平2502C　□□□□□□□

土木工事及び重機の賃貸のそれぞれを業として行っていた事業主の、労働者を使用することなく行っていた重機の賃貸業務に起因する死亡につき、同事業主が労働者を使用して行っていた土木工事業について労災保険法第33条第1項に基づく加入申請の承認を受けていれば、同法に基づく保険給付の対象になる。

解答 140 ○ S52.3.30基発192 ／P147 社労士24P72▼

海外派遣者として特別加入できるのは、新たに派遣される者に限られない。したがって、既に海外の事業に派遣されている者を特別加入させることも可能である。ただし、現地採用者は、海外派遣者特別加入制度の趣旨及びその加入要件からみて、特別加入の資格がない。

第3節 特別加入の効果

解答 141 × 法37条、則46条の26 ／P149 社労士24P73▼

特別加入者に係る業務災害については、労働者災害補償保険法施行規則に基づき「厚生労働省労働基準局長」が定める基準によって、その認定が行われる。

解答 142 × 最判H9.1.23 ／P149 社労士24P73▼

本肢の場合、加入申請が承認されたことによって、土木工事業につき保険関係が成立したにとどまり、重機の賃貸業務については保険関係が成立していないため、「重機の賃貸業務に起因する死亡については保険給付の対象とはならない」。

問題 143　令0303 B　□□□□□□□

労働者を使用しないで行うことを常態とする特別加入者である個人貨物運送業者については、その住居とその就業の場所との間の往復の実態を明確に区別できることにかんがみ、通勤災害に関する労災保険の適用を行うものとされている。

問題 144　平2201 D　□□□□□□□

一人親方等の特別加入者のうち、漁船による水産動植物の採捕の事業を労働者を使用しないで行うことを常態とする者は、自宅から漁港までの移動が通勤とみなされ、通勤災害に関しても労災保険の適用を受けることができる。

問題 145　O　R　□□□□□□□

特別加入制度において、家内労働者については通勤災害に関する保険給付は支給される。

問題 146　O　R　□□□□□□□☆

特別加入をしている中小事業主等が、通勤による負傷又は疾病により休業給付及び療養給付を受けた場合においては、当該療養給付に係る一部負担金に相当する額が、当該休業給付の額から控除される。

解答 143 × 法35条、則46条の22の２／P150 社労士24P73▼

本肢の者は、通勤災害に関する労災保険の適用がない。

解答 144 × 法35条、則46条の22の２／P150 社労士24P73▼

漁船による水産動植物の採捕の事業（船員法第１条に規定する船員が行う事業を除く。）を労働者を使用しないで行うことを常態とする者について、通勤災害に関しては労災保険は適用されない。

解答 145 × 法35条、則46条の22の２／P150 社労士24P73▼

特別加入制度において、家内労働者については通勤災害に関する保険給付は「支給されない」。

+α 下記の者（一人親方等）には、通勤災害の保険給付がない。

- 自動車を使用して行う旅客若しくは貨物の運送の事業又は原動機付自転車若しくは自転車を使用して行う貨物の運送の事業を行う者（個人タクシー、個人貨物運送業者等）及びその者が行う事業に従事する者
- 漁船による水産動植物の採捕の事業（船員法第１条に規定する船員が行う事業を除く。）を行う者及びその者が行う事業に従事する者
- 特定農作業従事者、指定農業機械作業従事者
- 家内労働者及びその補助者

解答 146 × S52.3.30基発192／P150 社労士24P73▼

特別加入者は、療養給付に係る一部負担金を徴収されない。

問題 147　令0303C　□□□□□□□

特別加入している中小事業主が行う事業に従事する者（労働者である者を除く。）が業務災害と認定された。その業務災害の原因である事故が事業主の故意又は重大な過失により生じさせたものである場合は、政府は、その業務災害と認定された者に対して保険給付を全額支給し、厚生労働省令で定めるところにより、その保険給付に要した費用に相当する金額の全部又は一部を事業主から徴収することができる。

解答 147　×　　法34条／P 152　社労士24 P 73▼

本肢の場合は、事業主からの費用徴収ではなく、業務災害と認定された者に対しての支給制限となる。

問題 148　令0106　□□□□□□□

特別支給金に関する次の記述のうち、正しいものはいくつあるか。

ア　既に身体障害のあった者が、業務上の事由による負傷又は疾病により同一の部位について障害の程度を加重した場合における当該事由に係る障害特別支給金の額は、現在の身体障害の該当する障害等級に応ずる障害特別支給金の額である。

イ　傷病特別支給金の支給額は、傷病等級に応じて定額であり、傷病等級第１級の場合は、114万円である。

ウ　休業特別支給金の支給を受けようとする者は、その支給申請の際に、所轄労働基準監督署長に、特別給与の総額を記載した届書を提出しなければならない。特別給与の総額については、事業主の証明を受けなければならない。

エ　特別加入者にも、傷病特別支給金に加え、特別給与を算定基礎とする傷病特別年金が支給されることがある。

オ　特別支給金は、社会復帰促進等事業の一環として被災労働者等の福祉の増進を図るために行われるものであり、譲渡、差押えは禁止されている。

A　一つ
B　二つ
C　三つ
D　四つ
E　五つ

解答 148　B　二つ

ア　×　支給金則４条／P135　社労士24P64▼

既に身体障害のあった者が、業務上の事由による負傷又は疾病により同一の部位について障害の程度を加重した場合における当該事由に係る障害特別支給金の額は、「現在の身体障害の該当する障害等級に応ずる障害特別支給金の額から、既にあった身体障害の該当する障害等級に応ずる障害特別支給金の額を差し引いた額」である。

イ　○　支給金則別表１の２／P135　社労士24P64▼

記述の通り正しい。

ウ　○　支給金則12条／P138　社労士24P65▼

記述の通り正しい。

エ　×　支給金則19条／P152　社労士24P73▼

特別加入者に特別給与を算定基礎とする特別支給金は、支給されない。

オ　×　法12条の５、支給金則20条等／P140　社労士24P65▼

特別支給金は譲渡、差押えの対象となる。

第1節　労働者派遣・出向における労災保険の適用

問題 149　O　R　□□□□□□□

派遣労働者は、派遣元事業主に雇用される労働者であるが、派遣先の指揮命令を受けて従事した労働によって生じた業務災害については、派遣先を労災保険の適用事業として保険給付が行われる。

問題 150　令0104A　□□□□□□□

派遣労働者に係る業務災害の認定に当たっては、派遣労働者が派遣元事業主との間の労働契約に基づき派遣元事業主の支配下にある場合及び派遣元事業と派遣先事業との間の労働者派遣契約に基づき派遣先事業主の支配下にある場合には、一般に業務遂行性があるものとして取り扱うこととされている。

問題 151　令0104B　□□□□□□□

派遣労働者に係る業務災害の認定に当たっては、派遣元事業場と派遣先事業場との間の往復の行為については、それが派遣元事業主又は派遣先事業主の業務命令によるものであれば一般に業務遂行性が認められるものとして取り扱うこととされている。

問題 152　令0104C　□□□□□□□

派遣労働者に係る通勤災害の認定に当たっては、派遣元事業主又は派遣先事業主の指揮命令により業務を開始し、又は終了する場所が「就業の場所」となるため、派遣労働者の住居と派遣元事業場又は派遣先事業場との間の往復の行為は、一般に「通勤」となるものとして取り扱うこととされている。

第１節　労働者派遣・出向における労災保険の適用

解答 149　×　S61.6.30基発383／P154　社労士24P75▼

派遣労働者に係る労災保険の適用については、「派遣元事業主」の事業を適用事業とすることとされている。

解答 150　○　S61.6.30基発383／P154　社労士24P75▼

記述の通り正しい。

解答 151　○　S61.6.30基発383／P154　社労士24P75▼

記述の通り正しい。

解答 152　○　S61.6.30基発383／P155　社労士24P75▼

記述の通り正しい。

第２節　受給者等の届出等

問題 153　令0101 B　□□□□□□□

事業主は、その事業についての労災保険に係る保険関係が消滅したときは、その年月日を労働者に周知させなければならない。

問題 154　令0101 E　□□□□□□□

労災保険に係る保険関係が成立し、若しくは成立していた事業の事業主又は労働保険事務組合若しくは労働保険事務組合であった団体は、労災保険に関する書類を、その完結の日から５年間保存しなければならない。

第３節　不服申立て

問題 155　令0506 A　新　□□□□□□□

労災保険給付に関する決定に不服のある者は、都道府県労働局長に対して審査請求を行うことができる。

問題 156　令0506 B　新　□□□□□□□

審査請求をした日から１か月を経過しても審査請求についての決定がないときは、審査請求は棄却されたものとみなすことができる。

第2節　受給者等の届出等

解答 153　○　則49条／P159　社労士24P－▼

【法令の要旨等の周知】

① 事業主は、労災保険に関する法令のうち、労働者に関係のある規定の要旨、労災保険に係る保険関係成立の年月日及び労働保険番号を常時事業場の見易い場所に掲示し、又は備え付ける等の方法によって、労働者に周知させなければならない。

② 事業主は、その事業についての労災保険に係る保険関係が消滅したときは、その年月日を労働者に周知させなければならない。

解答 154　×　則51条／P159　社労士24P76▼

本肢の書類は、その完結の日から「3年間」保存しなければならない。

第3節　不服申立て

解答 155　×　法38条／P161　社労士24P77▼

労災保険給付に関する決定に不服のある者は、「労働者災害補償保険審査官」に対して、審査請求を行うことができる。

解答 156　×　法38条／P162　社労士24P77▼

審査請求をした日から「3か月」を経過しても審査請求についての決定がないときは、審査請求は棄却されたものとみなすことができる。

問題 157 O　R　□□□□□□□

　保険給付に関する不支給決定に不服のある被災者や遺族が、労働者災害補償保険審査官に対して行う審査請求は、時効の完成猶予及び更新に関しては裁判上の請求とみなされる。

問題 158 O　R　□□□□□□□

　保険給付の決定に関する処分の取消しの訴えは、当該処分についての再審査請求に対する労働保険審査会の裁決を経た後でなければ、提起することができない。

解答 157 ○　法38条／P162　社労士24P77▼

記述の通り正しい。

+α 【労災保険法の不服申立て】

（対象処分）

・保険給付のみ（特別支給金×）

（原処分に不服がある者）

・労働者災害補償保険審査官への審査請求

・請求期間→３か月以内

※審査請求から３か月経過しても決定なし→棄却みなしできる

（審査官の決定に不服がある場合）

・労働保険審査会への再審査請求

・請求期間→２か月以内

（方法）

・審査請求→文書又は口頭

・再審査請求→文書のみ

（不服申立の前置）

・審査官の決定がなければ処分取消の訴えできず

※審査官の決定（棄却みなし含む）を経れば、再審査請求or裁判所への出訴が選択可能

解答 158 ×　法40条／P163　社労士24P77▼

保険給付の決定に関する処分の取消しの訴えは、当該処分についての「審査請求に対する労働者災害補償保険審査官」の決定を経た後でなければ、提起することができない。

第４節　時効その他

問題 159　O　　R　　□□□□□□□

障害補償給付及び遺族補償給付を受ける権利は、これらを行使することができる時から２年を経過したときは、時効によって消滅する。

問題 160　令0207D　　□□□□□□□

休業特別支給金の支給は、社会復帰促進等事業として行われているものであることから、その申請は支給の対象となる日の翌日から起算して５年以内に行うこととされている。

問題 161　平3003A　　□□□□□□□

市町村長（特別区の区長を含むものとし、地方自治法第252条の19第１項の指定都市においては、区長又は総合区長とする。）は、行政庁又は保険給付を受けようとする者に対して、当該市（特別区を含む。）町村の条例で定めるところにより、保険給付を受けようとする者又は遺族の戸籍に関し、無料で証明を行うことができる。

問題 162　平3003C　　□□□□□□□

行政庁は、厚生労働省令で定めるところにより、労働者派遣法第44条第１項に規定する派遣先の事業主に対して、労災保険法の施行に関し必要な報告、文書の提出又は出頭を命ずることができる。

第４節　時効その他

解答 159　×　法42条／P 163　社労士24 P 78▼

本肢については、「２年」ではなく「５年」である。

解答 160　×　支給金則３条／P 164　社労士24 P 79▼

本肢は、「５年」以内ではなく、「２年」以内である。

解答 161　○　法45条／P 165　社労士24 P －▼

記述の通り正しい。

解答 162　○　法46条／P 165　社労士24 P －▼

【使用者等の報告、出頭等】

行政庁は、厚生労働省令で定めるところにより、労働者を使用する者、労働保険事務組合、一人親方等の団体、労働者派遣法に規定する派遣先の事業主又は船員職業安定法に規定する船員派遣の役務の提供を受ける者に対して、必要な報告、文書の提出又は出頭を命ずることができる。

問題 163　平3003B　□□□□□□□

行政庁は、厚生労働省令で定めるところにより、保険関係が成立している事業に使用される労働者（労災保険法第34条第１項第１号、第35条第１項第３号又は第36条第１項第１号の規定により当該事業に使用される労働者とみなされる者を含む。）又は保険給付を受け、若しくは受けようとする者に対して、労災保険法の施行に関し必要な報告、届出、文書その他の物件の提出又は出頭を命ずることができる。

問題 164　O　　R　□□□□□□□

行政庁は、保険給付に関して必要があると認めるときは、保険給付を受け、又は受けようとする者（遺族補償年金、複数事業労働者遺族年金又は遺族年金の額の算定の基礎となる者を含む。）に対し、その指定する医師の診断を受けるべきことを命ずることができる。

問題 165　平3003D　□□□□□□□

行政庁は、労災保険法の施行に必要な限度において、当該職員に、適用事業の事業場に立ち入り、関係者に質問させ、又は帳簿書類その他の物件を検査させることができ、立入検査をする職員は、その身分を示す証明書を携帯し、関係者に提示しなければならない。

解答 163 ○　法47条／P166　社労士24P－▼

【労働者・受給者の報告、出頭等】

行政庁は、厚生労働省令で定めるところにより、保険関係が成立している事業に使用される労働者・特別加入者又は保険給付の受給者に対して、必要な報告、届出、文書その他の物件の提出（以下「報告等」という。）若しくは出頭を命じ、又は保険給付の原因である事故を発生させた第三者（派遣先の事業主及び船員派遣の役務の提供を受ける者を除く。）に対して、報告等を命ずることができる。

解答 164 ○　法47条の2／P166　社労士24P79▼

記述の通り正しい。

解答 165 ○　法48条／P166　社労士24P－▼

【立入検査】

① 行政庁は、必要な限度において、当該職員に、適用事業の事業場、労働保険事務組合若しくは一人親方等の団体の事務所、労働者派遣法に規定する派遣先の事業の事業場又は船員派遣の役務の提供を受ける者の事業場に立ち入り、関係者に質問させ、又は帳簿書類その他の物件を検査させることができる。

② ①の規定により立入検査をする職員は、その身分を示す証明書を携帯し、関係者に提示しなければならない。

問題 166　O　R　□□□□□□□

行政庁は、保険給付を受け、又は受けようとする者（遺族補償年金、複数事業労働者遺族年金又は遺族年金の額の算定の基礎となる者を含む。）の診療を担当した医師その他の者に対して、その行った診療に関する事項について、報告を命ずることはできない。

問題 167　平2503 E　□□□□□□□

労災保険法では、厚生労働大臣は、同法の施行に関し、関係行政機関又は公私の団体に対し、資料の提供その他必要な協力を求めることができ、協力を求められた関係行政機関又は公私の団体は、できるだけその求めに応じなければならないと規定されている。

解答 166　×　　法49条／P 166　社労士24 P 79▼

行政庁は、保険給付に関して必要があると認めるときは、保険給付を受け、又は受けようとする者（遺族補償年金、複数事業労働者遺族年金又は遺族年金の額の算定の基礎となる者を含む。）の診療を担当した医師その他の者に対して、その行った診療に関する事項について、「報告若しくは診療録、帳簿書類その他の物件の提示を命じ、又は当該職員に、これらの物件を検査させることができる」。

解答 167　○　　法49条の３／P 167　社労士24 P －▼

【関係行政機関等との連携】

① 厚生労働大臣は、この法律の施行に関し、関係行政機関又は公私の団体に対し、資料の提供その他必要な協力を求めることができる。

② ①の規定による協力を求められた関係行政機関又は公私の団体は、できるだけその求めに応じなければならない。

問題 001　令0501　㊎ □□□□□□□

下記のとおり賃金を支払われている労働者が使用者の責に帰すべき事由により半日休業した場合、労働基準法第26条の休業手当に関する次の記述のうち、正しいものはどれか。

賃金：日給　１日10,000円

半日休業とした日の賃金は、半日分の5,000円が支払われた。

平均賃金：7,000円

A　使用者は、以下の算式により2,000円の休業手当を支払わなければならない。

7,000円－5,000円＝2,000円

B　半日は出勤し労働に従事させており、労働基準法第26条の休業には該当しないから、使用者は同条の休業手当ではなく通常の１日分の賃金10,000円を支払わなければならない。

C　使用者は、以下の算式により1,000円の休業手当を支払わなければならない。

10,000円×0.6－5,000円＝1,000円

D　使用者は、以下の算式により1,200円の休業手当を支払わなければならない。

（7,000円－5,000円）×0.6＝1,200円

E　使用者が休業手当として支払うべき金額は発生しない。

解答 001　E　S27.8.7基収3445／P55　社労士24P21▼

本問の場合、平均賃金の60％以上の額がすでに支払われているので、休業手当として支払うべき金額は発生しない。

平均賃金の60％：7,000円×60％＝4,200円＜支払われた賃金：5,000円

問題 002　令0502　㊪ □□□□□□□

労働基準法第34条（以下本問において「本条」という。）に定める休憩時間に関する次のアからオの記述のうち、正しいものの組合せは、後記AからEまでのうちどれか。

ア　休憩時間は、本条第２項により原則として一斉に与えなければならないとされているが、道路による貨物の運送の事業、倉庫における貨物の取扱いの事業には、この規定は適用されない。

イ　一昼夜交替制勤務は労働時間の延長ではなく二日間の所定労働時間を継続して勤務する場合であるから、本条の条文の解釈（一日の労働時間に対する休憩と解する）により一日の所定労働時間に対して１時間以上の休憩を与えるべきものと解して、２時間以上の休憩時間を労働時間の途中に与えなければならないとされている。

ウ　休憩時間中の外出について所属長の許可を受けさせるのは、事業場内において自由に休息し得る場合には必ずしも本条第３項（休憩時間の自由利用）に違反しない。

エ　本条第１項に定める「６時間を超える場合においては少くとも45分」とは、一勤務の実労働時間の総計が６時間を超え８時間までの場合は、その労働時間の途中に少なくとも45分の休憩を与えなければならないという意味であり、休憩時間の置かれる位置は問わない。

オ　工場の事務所において、昼食休憩時間に来客当番として待機させた場合、結果的に来客が１人もなかったとしても、休憩時間を与えたことにはならない。

A　（アとイとウ）
B　（アとイとエ）
C　（アとエとオ）
D　（イとウとオ）
E　（ウとエとオ）

解答 002　E　（ウとエとオ）

ア　×　則31条、法別表１／Ｐ67　社労士24Ｐ24▼

倉庫における貨物の取扱いの事業には、休憩の一斉付与は適用される。

イ　×　S23.5.10基収1582／Ｐ－　社労士24Ｐ－▼

一昼夜交替制勤務においても、法律上は、労働時間の途中において法第34条第１項の休憩を与えればよい。

ウ　○　S23.10.30基発1575／Ｐ68　社労士24Ｐ25▼

記述の通り正しい。

エ　○　法34条／Ｐ66　社労士24Ｐ24▼

記述の通り正しい。

オ　○　S23.4.7基収1196／Ｐ60　社労士24Ｐ22▼

記述の通り正しい。

問題 003　令0503A　㊪新　□□□□□□□☆

年少者を坑内で労働させてはならないが、年少者でなくても、妊娠中の女性及び坑内で行われる業務に従事しない旨を使用者に申し出た女性については、坑内で行われるすべての業務に就かせてはならない。

問題 004　令0503D　㊪新　□□□□□□□

災害等による臨時の必要がある場合の時間外労働等を規定した労働基準法第33条第1項は年少者にも適用されるが、妊産婦が請求した場合においては、同項を適用して時間外労働等をさせることはできない。

問題 005　令0504A　㊪新　□□□□□□□

労働基準法第2条により、「労働条件は、労働者と使用者が、対等の立場において決定すべきもの」であるが、個々の労働者と使用者の間では「対等の立場」は事実上困難であるため、同条は、使用者は労働者に労働組合の設立を促すように努めなければならないと定めている。

問題 006　令0504E　㊪新　□□□□□□□

労働基準法第10条にいう「使用者」は、企業内で比較的地位の高い者として一律に決まるものであるから、同法第9条にいう「労働者」に該当する者が、同時に同法第10条にいう「使用者」に該当することはない。

解答 003　×　法64条の２／Ｐ156　社労士24Ｐ61▼

妊娠中の女性及び坑内で行われる業務に従事しない旨を使用者に申し出た産後１年を経過しない女性以外の満18歳以上の女性については、坑内で行われる業務のうち人力により行われる掘削の業務その他の女性に有害な業務として厚生労働省令で定めるものに就かせてはならないので、坑内で行われる業務に従事しない旨を使用者に申し出れば、坑内で行われるすべての業務に就かせてはならないわけではない。

解答 004　○　法60条、66条／Ｐ151・159　社労士24Ｐ59・62▼

記述の通り正しい。

解答 005　×　法２条／Ｐ14　社労士24Ｐ6▼

労働基準法第２条において、使用者は労働者に労働組合の設立を促すように努めなければならないとは定められていない。

解答 006　×　S23.3.17基発461／Ｐ7　社労士24Ｐ3▼

法人のいわゆる重役で業務執行権又は代表権を持たない者が、工場長、部長の職にあって、賃金を受ける場合は、その限りにおいて労働基準法第９条の労働者に該当するので、労働者に該当する者が、使用者に該当することもある。

問題 007　令0505Ａ　㊊　□□□□□□□

労働基準法第14条第１項に規定する期間を超える期間を定めた労働契約を締結した場合は、同条違反となり、当該労働契約は、期間の定めのない労働契約となる。

問題 008　令0505Ｅ　㊊　□□□□□□□

従来の取引事業場が休業状態となり、発注品がないために事業が金融難に陥った場合には、労働基準法第19条及び第20条にいう「やむを得ない事由のために事業の継続が不可能となつた場合」に該当しない。

問題 009　令0506Ａ　㊊　□□□□□□□ ☆

労働基準法第24条第１項に定めるいわゆる直接払の原則は、労働者と無関係の第三者に賃金を支払うことを禁止するものであるから、労働者の親権者その他法定代理人に支払うことは直接払の原則に違反しないが、労働者の委任を受けた任意代理人に支払うことは直接払の原則に違反する。

問題 010　令0506Ｂ　㊊　□□□□□□□

いかなる事業場であれ、労働基準法に規定する協定等をする者を選出することを明らかにして実施される投票、挙手等の方法による手続により選出された者であって、使用者の意向に基づき選出された者でないこと、という要件さえ満たせば、労働基準法第24条第１項ただし書に規定する当該事業場の「労働者の過半数を代表する者」に該当する。

問題 011　令0507Ａ　㊊　□□□□□□□ ☆

労働基準法第32条の３に定めるフレックスタイム制において同法第36条第１項の協定（以下本問において「時間外・休日労働協定」という。）を締結する際、１日について延長することができる時間を協定する必要はなく、１か月及び１年について協定すれば足りる。

解答 007　×　法13条／P3・22　社労士24P8・9▼

例えば、3年を超える期間を定めた労働契約を締結した場合は、期間の定めのない労働契約となるわけではなく、3年の労働契約を締結したものとされる。

解答 008　○　S63.3.14基発150／P182　社労士24P－▼

記述の通り正しい。

解答 009　×　S63.3.14基発150／P44　社労士24P17▼

労働者の親権者その他法定代理人に賃金を支払うことも直接払の原則に違反する。

解答 010　×　則6条の2／P36　社労士24P13▼

本肢の場合であっても、監督又は管理の地位にある者は労働者の過半数を代表する者に該当しない。

解答 011　○　H30.12.28基発1228第15号／P90　社労士24P34▼

記述の通り正しい。

問題 012　令0507Ｅ　新　□□□□□□□□

使用者は、労働時間の適正な把握を行うべき労働者の労働日ごとの始業・終業時刻を確認し、これを記録することとされているが、その方法としては、原則として「使用者が、自ら現認することにより確認し、適正に記録すること」、「タイムカード、ＩＣカード、パソコンの使用時間の記録等の客観的な記録を基礎として確認し、適正に記録すること」のいずれかの方法によることとされている。

問題 013　令0508　新　□□□□□□□□

労働安全衛生法第37条第１項の「特定機械等」（特に危険な作業を必要とする機械等であって、これを製造しようとする者はあらかじめ都道府県労働局長の許可を受けなければならないもの）として、労働安全衛生法施行令に掲げられていないものはどれか。ただし、いずれも本邦の地域内で使用されないことが明らかな場合を除くものとする。

A「ボイラー（小型ボイラー並びに船舶安全法の適用を受ける船舶に用いられるもの及び電気事業法（昭和39年法律第170号）の適用を受けるものを除く。）」

B「つり上げ荷重が３トン以上（スタツカー式クレーンにあつては、１トン以上）のクレーン」

C「つり上げ荷重が３トン以上の移動式クレーン」

D「積載荷重（エレベーター（簡易リフト及び建設用リフトを除く。以下同じ。）、簡易リフト又は建設用リフトの構造及び材料に応じて、これらの搬器に人又は荷をのせて上昇させることができる最大の荷重をいう。以下同じ。）が１トン以上のエレベーター」

E「機体重量が３トン以上の車両系建設機械」

解答 012　○　H29.1.20基発0120第３号／P59　社労士24P－▼

記述の通り正しい。

解答 013　E　法37条、令12条／P57　社労士24P22▼

「機体重量が３トン以上の車両系建設機械」は、特定機械等に該当しない。

問題 014　令0510B　㊍新　□□□□□□□

事業者は、常時使用する労働者を雇い入れるときは、当該労働者に対し、所定の項目について医師による健康診断を行わなければならないが、医師による健康診断を受けた後、6月を経過しない者を雇い入れる場合において、その者が当該健康診断の結果を証明する書面を提出したときは、当該健康診断の項目に相当する項目については、この限りでない。

問題 015　令0510C　㊍新　□□□□□□□

事業者（常時100人以上の労働者を使用する事業者に限る。）は、労働安全衛生規則第44条の定期健康診断又は同規則第45条の特定業務従事者の健康診断（定期のものに限る。）を行ったときは、遅滞なく、所定の様式の定期健康診断結果報告書を所轄労働基準監督署長に提出しなければならない。

問題 016　令0510D　㊍新　□□□□□□□

事業者は、労働安全衛生規則第44条の定期健康診断を受けた労働者に対し、遅滞なく、当該健康診断の結果（当該健康診断の項目に異常の所見があると診断された労働者に係るものに限る。）を通知しなければならない。

問題 017　令0510E　㊍新　□□□□□□□

労働者は、労働安全衛生法の規定により事業者が行う健康診断を受けなければならない。ただし、事業者の指定した医師又は歯科医師が行う健康診断を受けることを希望しない場合において、その旨を明らかにする書面を事業者に提出したときは、この限りでない。

解答 014　×　則43条／P86　社労士24P32▼

本肢の「６月」は、正しくは「３月」である。

解答 015　×　則52条／P92　社労士24P35▼

本肢の「100人以上」は、正しくは「50人以上」である。

解答 016　×　法66条の６／P93　社労士24P35▼

本肢の健康診断の結果は、当該健康診断を受けた「すべての労働者に対し通知しなければならない」。

解答 017　×　法66条／P90　社労士24P34▼

労働者は、労働安全衛生法の規定により事業者が行う健康診断を受けなければならない。ただし、事業者の指定した医師又は歯科医師が行う健康診断を受けることを希望しない場合において、「他の医師又は歯科医師の行うこれらの規定による健康診断に相当する健康診断を受け、その結果を証明する書面」を事業者に提出したときは、この限りでない。

資格の大原
社会保険労務士講座

択一式トレーニング問題集　進捗表

	目標期日	達成期日
1回転目	月　日	月　日
2回転目	月　日	月　日
3回転目	月　日	月　日
4回転目	月　日	月　日
5回転目	月　日	月　日
回転目	月　日	月　日
回転目	月　日	月　日
回転目	月　日	月　日
回転目	月　日	月　日
回転目	月　日	月　日

▼択一式トレーニング問題集　進捗表▼

科目 ＿＿＿＿＿＿＿＿

受講番号 ＿＿＿＿＿＿＿＿

氏名 ＿＿＿＿＿＿＿＿

7 回転目 ※制限時間は、問題数×30秒以内

問題	解答	弱点	問題	解答	弱点	問題	解答	弱点	問題	解答	弱点	問題	解答	弱点
001	○		051	×		101	×		151	×		201		
002	×		052	○		102	○		152	×		202		
003	×	✔	053	×		103	×		153	○		203		
004	○		054	○		104	×		154	×		204		
005	×		055	×		105	×		155	×		205		
006	×		056	×		106	×		156			206		
007	○								157			207		
008	×								158			208		
009	×								159			209		
010	○								160			210		
011	×		061	×		111	×		161			211		
012	×		062	×		112	×		162			212		
013	○		063	×		113	○		163			213		
014	×		064	○		114	○		164			214		
015	×		065	×		115	×		165			215		
016	×		066	×		116	×		166			216		
017	○		067	○		117	○	✔				217		
018	×	✔	068	×	✔	118	×		168			218		
019	×		069	×		119	×							
020	○		070	×		120	○							
021	×		071	○		121	×							
022	×		072	×		122	×							
023	○		073	○		123	×	✔						
024	○		074	×		124	○							
025	×		075	×		125	×							
026	×		076	×		126	×		176			226		
027	×		077	○		127	×		177			227		
028	×		078	○	✔	128	×		178			228		
029	○		079	×		129	×		179			229		
030	×		080	×		130	×		180			230		
031	×		081	○		131	×		181			231		
032	×		082	×		132	×		182			232		
033	×		083	×		133	×		183			233		
034	×		084	○		134	×		184			234		
035	×		085	×		135	×		185			235		
036	○		086	×		136	×		186			236		
037	×		087	×		137	×		187			237		
038	×		088	○		138	×	■	188			238		
039	○		089	×		139	○		189			239		
040	×		090	○		140	×		190					
041	×		091	×		141	×		191					
042	×		092	×	✔	142	×		192					
043	○		093	×		143	×		193					
044	×	✔	094	×		144	×		194			244		
045	×		095	○		145	○		195			245		
046	×		096	×		146	×		196			246		
047	○		097	×		147	×		197			247		
048	×		098	○		148	○		198			248		
049	×		099	×		149	×	✔	199			249		
050	×		100	○		150	×		200			250		

問題	解答	弱点
252		
253		
254		
255		
256		
257		
258		
259		
260		
261		
262		
263		
264		
265		
266		
267		
268		
276		
277		
278		
279		
280		
281		
282		
283		
284		
285		
286		
287		
288		
289		
290		
294		
295		
296		
297		
298		
299		
300		

【手順1】
解答欄に○×を記入し、答え合わせをしましょう。

【手順2】
正誤判断を間違った問題は、弱点論点です。弱点欄にチェックをした上で、正誤判断ができ、かつ、論点が把握できるようになるまで、繰り返し挑戦して下さい。
理解できたら、マスを塗りつぶすなどして、弱点克服の印とします。

【手順3】
弱点チェックをすべてつぶしたら、1回転終了です。

【手順4】
7回転が目安です。

▼択一式トレーニング問題集　進捗表▼

科目 ＿＿＿＿＿＿＿＿

受講番号 ＿＿＿＿＿＿＿＿

氏名 ＿＿＿＿＿＿＿＿

□ 回転目 ※制限時間は、問題数×30秒以内

※全科目共通の進捗表です。
各科目の問題数に合わせてお使いください。

問題	解答	弱点	問題	解答	弱点	問題	解答	弱点	問題	解答	弱点	問題	解答	弱点	問題	解答	弱点
001			051			101			151			201			251		
002			052			102			152			202			252		
003			053			103			153			203			253		
004			054			104			154			204			254		
005			055			105			155			205			255		
006			056			106			156			206			256		
007			057			107			157			207			257		
008			058			108			158			208			258		
009			059			109			159			209			259		
010			060			110			160			210			260		
011			061			111			161			211			261		
012			062			112			162			212			262		
013			063			113			163			213			263		
014			064			114			164			214			264		
015			065			115			165			215			265		
016			066			116			166			216			266		
017			067			117			167			217			267		
018			068			118			168			218			268		
019			069			119			169			219			269		
020			070			120			170			220			270		
021			071			121			171			221			271		
022			072			122			172			222			272		
023			073			123			173			223			273		
024			074			124			174			224			274		
025			075			125			175			225			275		
026			076			126			176			226			276		
027			077			127			177			227			277		
028			078			128			178			228			278		
029			079			129			179			229			279		
030			080			130			180			230			280		
031			081			131			181			231			281		
032			082			132			182			232			282		
033			083			133			183			233			283		
034			084			134			184			234			284		
035			085			135			185			235			285		
036			086			136			186			236			286		
037			087			137			187			237			287		
038			088			138			188			238			288		
039			089			139			189			239			289		
040			090			140			190			240			290		
041			091			141			191			241			291		
042			092			142			192			242			292		
043			093			143			193			243			293		
044			094			144			194			244			294		
045			095			145			195			245			295		
046			096			146			196			246			296		
047			097			147			197			247			297		
048			098			148			198			248			298		
049			099			149			199			249			299		
050			100			150			200			250			300		

問題	解答	弱点	問題	解答	弱点	問題	解答	弱点	問題	解答	弱点	問題	解答	弱点	問題	解答	弱点
301			351			401			451			501			551		
302			352			402			452			502			552		
303			353			403			453			503			553		
304			354			404			454			504			554		
305			355			405			455			505			555		
306			356			406			456			506			556		
307			357			407			457			507			557		
308			358			408			458			508			558		
309			359			409			459			509			559		
310			360			410			460			510			560		
311			361			411			461			511			561		
312			362			412			462			512			562		
313			363			413			463			513			563		
314			364			414			464			514			564		
315			365			415			465			515			565		
316			366			416			466			516			566		
317			367			417			467			517			567		
318			368			418			468			518			568		
319			369			419			469			519			569		
320			370			420			470			520			570		
321			371			421			471			521			571		
322			372			422			472			522			572		
323			373			423			473			523			573		
324			374			424			474			524			574		
325			375			425			475			525			575		
326			376			426			476			526			576		
327			377			427			477			527			577		
328			378			428			478			528			578		
329			379			429			479			529			579		
330			380			430			480			530			580		
331			381			431			481			531			581		
332			382			432			482			532			582		
333			383			433			483			533			583		
334			384			434			484			534			584		
335			385			435			485			535			585		
336			386			436			486			536			586		
337			387			437			487			537			587		
338			388			438			488			538			588		
339			389			439			489			539			589		
340			390			440			490			540			590		
341			391			441			491			541			591		
342			392			442			492			542			592		
343			393			443			493			543			593		
344			394			444			494			544			594		
345			395			445			495			545			595		
346			396			446			496			546			596		
347			397			447			497			547			597		
348			398			448			498			548			598		
349			399			449			499			549			599		
350			400			450			500			550			600		

▼択一式トレーニング問題集　進捗表▼

科目 ＿＿＿＿＿＿＿＿＿＿

受講番号 ＿＿＿＿＿＿＿＿＿＿

氏名 ＿＿＿＿＿＿＿＿＿＿

□ 回転目 ※制限時間は、問題数×30秒以内

※全科目共通の進捗表です。
各科目の問題数に合わせてお使いください。

問題	解答	弱点	問題	解答	弱点	問題	解答	弱点	問題	解答	弱点	問題	解答	弱点	問題	解答	弱点
001			051			101			151			201			251		
002			052			102			152			202			252		
003			053			103			153			203			253		
004			054			104			154			204			254		
005			055			105			155			205			255		
006			056			106			156			206			256		
007			057			107			157			207			257		
008			058			108			158			208			258		
009			059			109			159			209			259		
010			060			110			160			210			260		
011			061			111			161			211			261		
012			062			112			162			212			262		
013			063			113			163			213			263		
014			064			114			164			214			264		
015			065			115			165			215			265		
016			066			116			166			216			266		
017			067			117			167			217			267		
018			068			118			168			218			268		
019			069			119			169			219			269		
020			070			120			170			220			270		
021			071			121			171			221			271		
022			072			122			172			222			272		
023			073			123			173			223			273		
024			074			124			174			224			274		
025			075			125			175			225			275		
026			076			126			176			226			276		
027			077			127			177			227			277		
028			078			128			178			228			278		
029			079			129			179			229			279		
030			080			130			180			230			280		
031			081			131			181			231			281		
032			082			132			182			232			282		
033			083			133			183			233			283		
034			084			134			184			234			284		
035			085			135			185			235			285		
036			086			136			186			236			286		
037			087			137			187			237			287		
038			088			138			188			238			288		
039			089			139			189			239			289		
040			090			140			190			240			290		
041			091			141			191			241			291		
042			092			142			192			242			292		
043			093			143			193			243			293		
044			094			144			194			244			294		
045			095			145			195			245			295		
046			096			146			196			246			296		
047			097			147			197			247			297		
048			098			148			198			248			298		
049			099			149			199			249			299		
050			100			150			200			250			300		

問題	解答	弱点	問題	解答	弱点	問題	解答	弱点	問題	解答	弱点	問題	解答	弱点	問題	解答	弱点
301			351			401			451			501			551		
302			352			402			452			502			552		
303			353			403			453			503			553		
304			354			404			454			504			554		
305			355			405			455			505			555		
306			356			406			456			506			556		
307			357			407			457			507			557		
308			358			408			458			508			558		
309			359			409			459			509			559		
310			360			410			460			510			560		
311			361			411			461			511			561		
312			362			412			462			512			562		
313			363			413			463			513			563		
314			364			414			464			514			564		
315			365			415			465			515			565		
316			366			416			466			516			566		
317			367			417			467			517			567		
318			368			418			468			518			568		
319			369			419			469			519			569		
320			370			420			470			520			570		
321			371			421			471			521			571		
322			372			422			472			522			572		
323			373			423			473			523			573		
324			374			424			474			524			574		
325			375			425			475			525			575		
326			376			426			476			526			576		
327			377			427			477			527			577		
328			378			428			478			528			578		
329			379			429			479			529			579		
330			380			430			480			530			580		
331			381			431			481			531			581		
332			382			432			482			532			582		
333			383			433			483			533			583		
334			384			434			484			534			584		
335			385			435			485			535			585		
336			386			436			486			536			586		
337			387			437			487			537			587		
338			388			438			488			538			588		
339			389			439			489			539			589		
340			390			440			490			540			590		
341			391			441			491			541			591		
342			392			442			492			542			592		
343			393			443			493			543			593		
344			394			444			494			544			594		
345			395			445			495			545			595		
346			396			446			496			546			596		
347			397			447			497			547			597		
348			398			448			498			548			598		
349			399			449			499			549			599		
350			400			450			500			550			600		

▼択一式トレーニング問題集　進捗表▼

科目 ＿＿＿＿＿＿＿＿

受講番号 ＿＿＿＿＿＿＿＿

氏名 ＿＿＿＿＿＿＿＿

□ 回転目 ※制限時間は、問題数×30秒以内

※全科目共通の進捗表です。
各科目の問題数に合わせてお使いください。

問題	解答	弱点	問題	解答	弱点	問題	解答	弱点	問題	解答	弱点	問題	解答	弱点	問題	解答	弱点
001			051			101			151			201			251		
002			052			102			152			202			252		
003			053			103			153			203			253		
004			054			104			154			204			254		
005			055			105			155			205			255		
006			056			106			156			206			256		
007			057			107			157			207			257		
008			058			108			158			208			258		
009			059			109			159			209			259		
010			060			110			160			210			260		
011			061			111			161			211			261		
012			062			112			162			212			262		
013			063			113			163			213			263		
014			064			114			164			214			264		
015			065			115			165			215			265		
016			066			116			166			216			266		
017			067			117			167			217			267		
018			068			118			168			218			268		
019			069			119			169			219			269		
020			070			120			170			220			270		
021			071			121			171			221			271		
022			072			122			172			222			272		
023			073			123			173			223			273		
024			074			124			174			224			274		
025			075			125			175			225			275		
026			076			126			176			226			276		
027			077			127			177			227			277		
028			078			128			178			228			278		
029			079			129			179			229			279		
030			080			130			180			230			280		
031			081			131			181			231			281		
032			082			132			182			232			282		
033			083			133			183			233			283		
034			084			134			184			234			284		
035			085			135			185			235			285		
036			086			136			186			236			286		
037			087			137			187			237			287		
038			088			138			188			238			288		
039			089			139			189			239			289		
040			090			140			190			240			290		
041			091			141			191			241			291		
042			092			142			192			242			292		
043			093			143			193			243			293		
044			094			144			194			244			294		
045			095			145			195			245			295		
046			096			146			196			246			296		
047			097			147			197			247			297		
048			098			148			198			248			298		
049			099			149			199			249			299		
050			100			150			200			250			300		

問題	解答	弱点	問題	解答	弱点	問題	解答	弱点	問題	解答	弱点	問題	解答	弱点	問題	解答	弱点
301			351			401			451			501			551		
302			352			402			452			502			552		
303			353			403			453			503			553		
304			354			404			454			504			554		
305			355			405			455			505			555		
306			356			406			456			506			556		
307			357			407			457			507			557		
308			358			408			458			508			558		
309			359			409			459			509			559		
310			360			410			460			510			560		
311			361			411			461			511			561		
312			362			412			462			512			562		
313			363			413			463			513			563		
314			364			414			464			514			564		
315			365			415			465			515			565		
316			366			416			466			516			566		
317			367			417			467			517			567		
318			368			418			468			518			568		
319			369			419			469			519			569		
320			370			420			470			520			570		
321			371			421			471			521			571		
322			372			422			472			522			572		
323			373			423			473			523			573		
324			374			424			474			524			574		
325			375			425			475			525			575		
326			376			426			476			526			576		
327			377			427			477			527			577		
328			378			428			478			528			578		
329			379			429			479			529			579		
330			380			430			480			530			580		
331			381			431			481			531			581		
332			382			432			482			532			582		
333			383			433			483			533			583		
334			384			434			484			534			584		
335			385			435			485			535			585		
336			386			436			486			536			586		
337			387			437			487			537			587		
338			388			438			488			538			588		
339			389			439			489			539			589		
340			390			440			490			540			590		
341			391			441			491			541			591		
342			392			442			492			542			592		
343			393			443			493			543			593		
344			394			444			494			544			594		
345			395			445			495			545			595		
346			396			446			496			546			596		
347			397			447			497			547			597		
348			398			448			498			548			598		
349			399			449			499			549			599		
350			400			450			500			550			600		

正誤・法改正に伴う修正について

本書掲載内容に関する正誤・法改正に伴う修正については「資格の大原書籍販売サイト　大原ブックストア」の「正誤・改正情報」よりご確認ください。

https://www.o-harabook.jp/
資格の大原書籍販売サイト 大原ブックストア

正誤表・改正表の掲載がない場合は、書籍名、発行年月日、お名前、ご連絡先を明記の上、下記の方法にてお問い合わせください。

お問い合わせ方法

【郵　送】　〒101-0065　東京都千代田区西神田 2-2-10
大原出版株式会社 書籍問い合わせ係
【FAX】　03-3237-0169
【E-mail】　shopmaster@o-harabook.jp

※お電話によるお問い合わせはお受けできません。
また、内容に関する解説指導・ご質問対応等は行っておりません。
予めご了承ください。

合格のミカタシリーズ
2024年対策
解いて覚える！社労士 択一式トレーニング問題集③
労働者災害補償保険法

■発行年月日　2023年10月23日　初版発行
■著　　　者　資格の大原　社会保険労務士講座
■発　行　所　大原出版株式会社
〒101-0065
東京都千代田区西神田1-2-10
TEL 03-3292-6654
■印刷・製本　セザックス株式会社

※落丁本・乱丁本はお取り替えいたします。定価はカバーに表示してあります。
ISBN978-4-86783-070-3　C2032